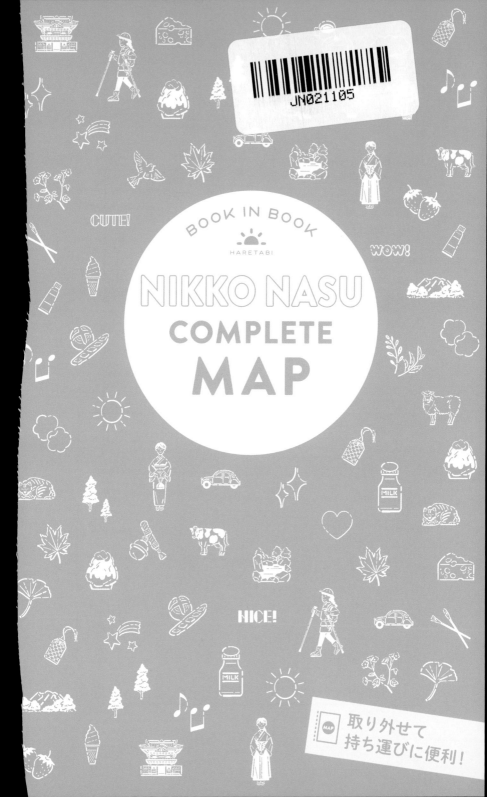

A　**B**　**C**

福島県

那須岳
都須湯本温泉
白河IC
新白河駅

湯西川温泉
尾瀬沼
那須IC
西那須野塩原IC
川俣温泉
那須塩原駅
男体山
日光
白根山
日光東照宮
鬼怒川温泉
矢板IC
日光駅
中禅寺湖
霧降ノ滝
今市IC

群馬県
栃木県
清滝IC
宇都宮IC
烏山線
烏山駅
水郡線

鹿沼IC
宇都宮駅
真岡IC

佐野田沼IC
足利IC
栃木IC
水戸IC

佐野藤岡IC
小山駅
水戸駅

館林IC
谷中湖
常磐自動車道
茨城県
常磐線

福島県
南会津町
会津田島駅
会津山村道場駅

七ヶ岳
七ヶ岳登山口駅
会津鉄道

会津高原たかつえスキー場

会津高原尾瀬口駅
道の駅たじま

道の駅番屋
男鹿高原駅

荒海山

上三依塩原温泉口駅

中三依温泉駅

檜枝岐村

湯西川温泉

明神ヶ岳
野岩鉄道

片品村
黒岩山
八汐湖
湯西川温泉駅
ハンターマウンテン塩原スキー場

川俣湖
エーデルワイススキー場

鬼怒川
釈迦ヶ岳

川治湯元駅
川治温泉
川治温泉駅

新藤原駅
鬼怒川公園駅

P.4-5 日光広域

日光市

鬼怒川温泉

金精トンネル
菅沼
太郎山
女峰山
赤薙山
霧降高原
鬼怒川温泉駅

日光湯元温泉
東武ワールドスクウェア駅
東武鬼怒川線
小佐越駅

日光白根山
湯滝
戦場ヶ原
男体山
裏見滝
霧降ノ滝
日光江戸村
新高徳駅

中禅寺湖
二荒山神社中宮祠
華厳ノ滝
いろは坂
日光東照宮
東武日光駅
日光駅
大桑駅

半月山
清滝
上今市駅
下今市駅
道の駅日光
今市駅

日尾トンネル
日光PA
下野大沢駅
東武日光線

間藤駅
足尾駅
下小代駅

通洞駅
下今市

沢入駅
板荷駅
新鹿沼駅
文挟駅

大間々駅
鹿沼市
日光線
宇都宮

2

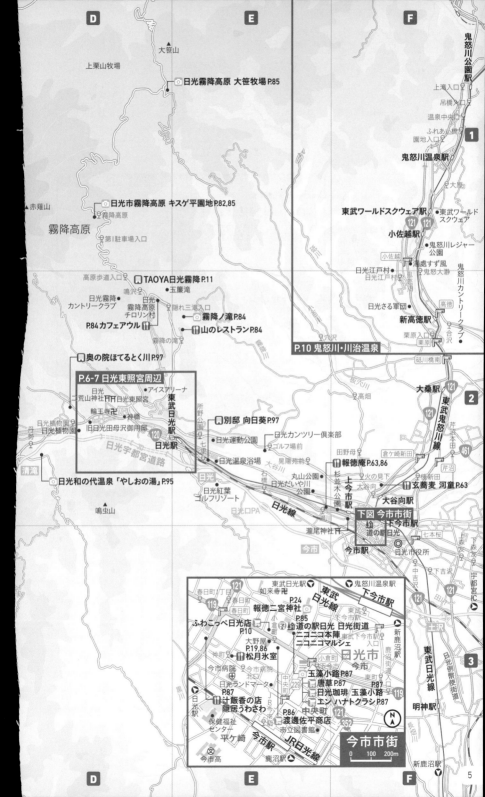

D　E　F

大笹山
上栗山牧場

1

日光霧降高原 大笹牧場 P.85

鬼怒川公園駅
上滝入口
吊橋入口
温泉中央口
ふれあい橋入口
園地入口
鬼怒川温泉駅

▲赤薙山

日光市霧降高原 キスゲ平園地 P.82,85

霧降高原

第1駐車場入口

東武ワールドスクウェア駅　●東武ワールド
　　　　　　　　　　　　　　スクウェア
小佐越駅
　　　●鬼怒川レジャー
　　　　公園
日光江戸村　●海処すず風
日光江戸村駅●●鬼怒大滝
　　　　　　　　鬼怒川カントリークラブ
日光さる軍団●
新高徳駅
栗原入口●
栗原

2

高原歩道入口
鳴沢

●玉簾滝
TAOYA日光霧降 P.11

日光霧降
カントリークラブ
霧降高原
チロリン村
P.84 カフェアウル

隠れ三滝入口
霧降ノ滝 P.84
山のレストラン P.84

P.10 鬼怒川・川治温泉

奥の院ほてるとく川 P.97

P.6-7 日光東照宮周辺
日光
二荒山神社　日光東照宮
輪王寺　　●神橋
アイスアリーナ
所野
東武日光駅
旧日光田母沢御用邸
日光植物園
日光植物園
日光宇都宮道路 120
日光駅

別邸 向日葵 P.97
日光カンツリー倶楽部
ゴルフ場前
日光運動公園
日光温泉浴場
田母沢

大桑駅
倉ケ崎新田

報徳庵 P.63,86
上今市駅
玄蕎麦 河童 P.63

東武鬼怒川線

清滝

日光和の代温泉「やしおの湯」P.95

鳴虫山

日光紅葉
ゴルフリゾート
日光口PA
瀧尾神社

今市

日光線

下図 今市市街
下今市駅
道の駅日光
日光市役所
大谷向駅
今市駅

3

今市市街

東武日光線駅
如来寺
報徳二宮神社 P.24
ふわっこっぺ日光店 P.10
春日町
報徳二宮神社 P.85

ニコニコ本陣 P.85
ニコニコマルシェ
道の駅日光 日光街道

大野屋 P.19,86
松月氷室
玉藻小路 P.87
唐草 P.87
日光珈琲 玉藻小路 P.87
エンハナトクラシ P.87

今市病院
日光ランドマーク P.87
辻飯香の店
隠居うわさわ P.86
中央町
渡邊佐平商店

今市駅
JR日光線

保健福祉
センター
平ケ崎
今市高

東武日光線
新鹿沼駅
明神駅

N

0　100　200m

新鹿沼駅

5

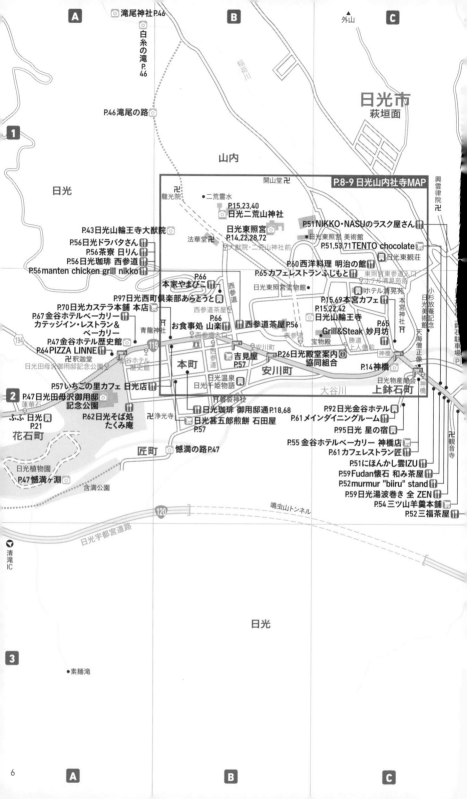

A　　B　　外山　C

滝尾神社 P.46

白糸の滝 P.46

P.46 滝尾の路

日光市
萩垣面

1

稲荷川

山内

日光

開山堂卍

P.8-9 日光山内社寺MAP

卍龍光院

二荒霊水

興雲律院卍

●二荒霊水
P.15,23,40
日光二荒山神社

法華堂卍

P.51 NIKKO・NASUのラスク屋さん

P.43日光山輪王寺大猷院

日光二荒山神社

P.56日光ドラバタさん

●日光東照宮 美術館

P.51,53,71 TENTO chocolate

P.56 茶寮 りりん

P.14,22,28,72

P.56日光珈琲 西参道

●日光東観荘

P.56 manten chicken grill nikko

日光東照宮

P.60西洋料理 明治の館

日光東照宮

P.66

P.65カフェレストランふじもと

東照宮東参道入口

本家やまびこ

ホテル清晃苑前

西参道

P.97日光西町倶楽部あらとうと

日光東照宮宝物館

本宮カフェ

P.70日光カステラ本舗 本店

西参道茶屋

ホテル清晃苑

P.67金谷ホテルベーカリー
カテッジイン・レストラン＆
ベーカリー

P.66

青龍神社

お食事処 山楽

P.15,69本宮カフェ

西参道茶屋 P.56

P.15,22,42
日光山輪王寺

本宮神社

小杉放菴記念
日光美術館

P.47金谷ホテル歴史館

天海僧正像

194

P.64 PIZZA LINNE

卍釈迦堂

西参道入口

Grill&Steak 妙月坊

P.65

勝道上人像

卍日光田母沢御用邸記念公園

金谷ホテル
歴史館

吉見屋
P.57

宝物殿

表参道

神橋

本町

P.26日光殿堂案内
協同組合

P.14神橋

2

P.57いちごの里カフェ 日光店

安川町

神橋

日光物産商会

P.47日光田母沢御用邸
記念公園

日光温泉
姫物語

大谷川

上鉢石町

ふふ 日光

P.62日光そば処
たくみ庵

卍浄光寺

卍磐裂神社

P.92日光金谷ホテル

神橋

卍観音寺

花石町

日光田母沢御用邸通 P.18,68

P.61メインダイニングルーム

匠町

日光甚五郎煎餅 石田屋

P.95日光 星の宿

P.47憾満ヶ淵

P.57

P.55 金谷ホテルベーカリー 神橋店

憾満の路 P.47

P.61カフェレストラン匠

日光植物園

P.51にほんかし 雲IZU

P.47憾満ヶ淵

P.59 Fudan懐石 和み茶屋

含満公園

P.52 murmur "biiru" stand

P.59日光湯波巻き 全 ZEN

120

P.54三ツ山羊羹本舗

鳴虫山トンネル

P.52三福茶屋

日光宇都宮道路

清滝
IC

日光

3

●素麺滝

A　　B　　C

小倉山

フェアフィールド・バイ・マリオット・栃木日光

丸見川

丸美

アイスアリーナ

スケートセンター

日光霧降スケートセンター

下丸美

所野

木彫りの里工芸センター

屋敷旅館

小倉山森林公園

日光小

2

吉田屋羊羹本舗 P.54

鬼平の羊羹本舗 P.54

中鉢石町

日光羊羹 綿半 P.54

日光局

柏崎商店 P.53

mekke日光郷土センター P.26

手打ち生そば魚要 P.63

Nikko Craft Shop 87 P.55

菓匠おしやま P.53

稲荷町

補陀洛本舗 P.52

Trattoria Gigli P.64

カフェフルール P.70

鉢石町

119

御幸町

日光郷土センター前

稲荷町

防災公園

霧降大橋

東武バス日光営業所

下鉢石町

御幸町

日光行政センター前

龍蔵寺卍

日光署

日光ぷりん亭

明治の館 ケーキショップ日光駅前店 P.70

Girouette

P.50

日光街道

日光公民館

P.53

グルメやまなか P.55

海老屋長造

日光市

日光行政センター

石屋町

最勝寺卍

169

東武日光駅

東武日光駅

P.50日光人形焼みしまや

P.58ゆば亭ますだや

さかえや
P.19.52

日光駅

JR日光線

JR日光駅

東武日光線

松原町

相生町

駅前局 東武日光駅

大谷川

東和町

神ノ主山トンネル

日光体育館

14

かまや〜カフェ・デュ・レヴァベール〜
P.67

119

WOODMOCC P.55

第一発電所前

247

下今市駅

P.70 NIKKO ケーキスタジオ

3

120

今市駅

東中

今市IC

日光宇都宮道路

日光IC

日光山内
社寺MAP

輪王寺 開山堂
観音堂

P.43
日光山輪王寺大猷院

竜光院

P.15、23、40
日光二荒山神社

神苑

奥宮宝塔
奥宮拝殿

家光廟所

鐘楼

大国殿
神輿舎

本殿

社務所

拝殿
神門

P.14、22、28、72
日光東照宮

二天門

仁王門

本社

皇嘉門

夜叉門
唐門

宝庫
大猷院拝観券売場
法華堂

大鳥居

二ノ鳥居

楼門

神輿舎
神楽殿

拝殿

常行堂

神厩舎
陽明門

本地堂

本殿

大猷院・二荒山神社前

輪蔵

三神庫

廟塔

慈眼堂

神厩舎
表門

東照宮拝観券売場

さんない食堂
P.66

西
参
道
（
良
い
縁
坂
）

下
新
道

上
新
道

五重塔
石鳥居

本家やまびこ
P.66

日光西町倶楽部あらとうと
P.97

輪王寺の三仏堂から大
猷院へ行く道。木々に
囲まれ、小川も流れて
おり気持ちがいい。1
本北には上新道がある。

P.56
西参道茶屋

本坊

P.66
お食事処 山楽

西参道茶屋

日光カステラ本舗 本店
P.70

いちごの里カフェ 日光店
P.57

吉見屋
P.57

安川町

P.18、68
日光珈琲 御用邸通

日光甚五郎煎餅 石田屋
P.57

日光東照宮で所有している襖絵や掛け軸などの日本画を展示している。開館9:00〜17:00(11〜3月は〜16:00)、入館800円。

日光東照宮社務所

日光東照宮美術館

稲荷川

東照宮に最も近い駐車場。1日600円で利用可能。輪王寺(三仏堂)へも徒歩3分ほどと便利。

カフェレストラン
ふじもと
P.65

西洋料理 明治の館
P.60

御仮殿

武徳殿

ホテル清晃苑前

清晃苑

日光
東照宮宝物館

大護摩堂　護法天堂

三仏堂

東照宮にゆかりのある御神宝を所蔵・展示。家康公ゆかりの武具もある。開館9:00〜17:00(11〜3月は〜16:00)、入館1000円。

四本龍寺
観音堂

表参道

輪王寺拝観券売場　P.15、22、42

日光山輪王寺

黒門

紫雲閣　宝物殿

本宮神社

逍遙園

勝道上人像

Grill & Steak
妙月坊
P.65

本宮カフェ
P.15、68

表参道

勝道上人像前

日光橋

神橋

神橋

日光街道

大谷川

N

0　　　　　50m

9

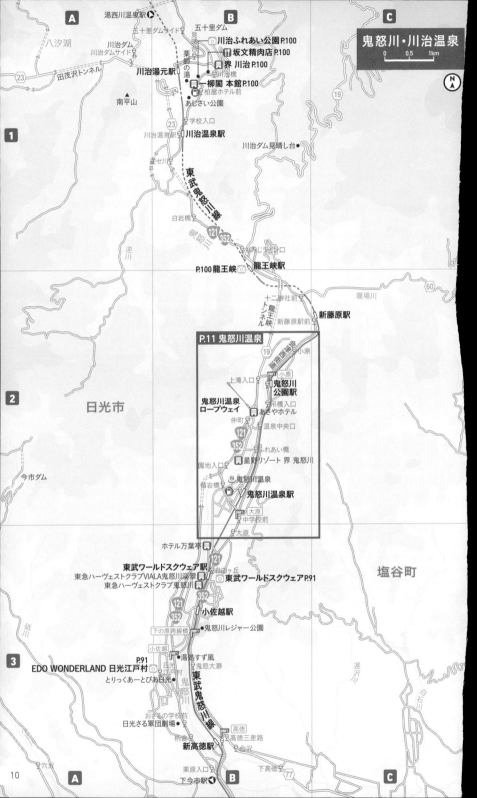

湯西川温泉駅

八汐湖

五十里ダムサイド
五十里ダム

川治ダム
川治ダムサイド

田茂沢トンネル

23

南平山

川治ふれあい公園 P.100
坂文精肉店 P.100
界 川治 P.100
柳関 本館 P.100
柏屋ホテル前
あじさい公園
学校入口

川治湯元駅

薬師の湯
川治橋

川治温泉駅
川治温泉駅

川治ダム見晴し台

東武鬼怒川線

白岩橋

121　352

P.100 龍王峡

龍王峡駅

60

堰場川

十二神社前
龍王峡トンネル
新藤原駅前

新藤原駅

P.11 鬼怒川温泉

日光市

鬼怒川温泉
ロープウェイ

上滝入口
仲町

吊橋入口
あさやホテル
温泉中央口

ふれあい橋

19

小原

鬼怒川
公園駅

121　352

園地入口
楯岩橋

星野リゾート 界 鬼怒川

鬼怒川温泉

鬼怒川温泉駅

大原
中学校前
大原

今市ダム

塩谷町

ホテル万葉亭

東武ワールドスクウェア駅
東急ハーヴェストクラブVIALA鬼怒川渓翠
東急ハーヴェストクラブ鬼怒川

121

自由ヶ丘

東武ワールドスクウェア P.91

121　352

小佐越駅

下の原跨線橋

鬼怒川レジャー公園

姫川

小佐越

P.91
EDO WONDERLAND 日光江戸村
とりっくあーとぴあ日光

湯処 すず風
鬼怒川大滝

東武鬼怒川線

おさるの学校前
日光さる軍団劇場

栃倉橋
栗原入口

新高徳駅

高徳
高徳三差路
今沢

77

下高徳

下今市駅

鬼怒川温泉

0　150　300m

新藤原駅

上滝乃湯

P.89 NAOC

P.98 若竹の庄 別邸笹音

鬼怒川温泉 花の宿 松や

鬼怒岩橋

上滝入口

鬼怒川公園駅

小原

鬼怒川公園駅

鬼怒川小

丸山山頂

野猿公園

鬼怒川三繩嶽ロープウェイ

鬼怒川公園岩風呂

鬼怒川公園

絹の渓谷 碧流

滝見橋

ロープウェイ前

温泉山麓

日光市

鬼怒川温泉滝

P.99 あさやホテル

仲町

御宿一富士

鬼怒川温泉ホテル

一心舘

くろがね橋

鬼怒川プラザホテル

NTT前

東武鬼怒川線

鬼怒川温泉 ものぐさの宿 花千郷

神社前

支所前

ふれあい橋

ほてる白河湯の蔵

大江戸温泉物語 ホテル鬼怒川御苑

ふれあい橋

鬼怒川観光ホテル

鬼怒川温泉 山楽

発電所前

星野リゾート 界 鬼怒川

栃木地酒館 登屋本店 P.91

鬼怒川温泉
静寂とまごころの宿
七重八重

伊東園ホテルニューさくら

園地入口

P.89 鬼怒川ライン下り

pizzeria di sapore P.91

ホテルきぬ

P.98 鬼怒川金谷ホテル

P.91

P.99 日光きぬ川
ホテル三日月

栄屋製菓

鬼怒川グランドホテル 夢の季

立岩橋
鬼怒川・川治温泉 観光情報センター

はちやカフェ P.91

鬼怒川パークホテルズ

橋岩橋

鬼怒川太の湯(足湯)

愛犬と楽しむ温泉旅館
鬼怒川絆

鬼怒川温泉駅

鬼怒川ロイヤルホテル

バスパーク

藤原消防署

十字路

会津西街道

塩谷町

鬼怒川温泉大原

鬼怒楯岩大吊橋 P.90

ホテルサンシャイン鬼怒川

鬼怒川トンネル

鬼怒川

大原

中学校前

藤原中

下今市駅

11

黒磯

0 150 300m

N

会津田島駅　A

桜町　黒磯公園　橋本町　本郷町　那須塩原駅　B　下郷町

材木町　黒磯　那須塩原市　三本槍岳▲

若葉町　弥生町

黒磯病院　新朝日　55　茶臼岳▲

P.130 1988 CAFE SHOZO　SOMA JAPON P.132　宮町　中央町

高砂町　Chus P.134　黒磯神社　東栄

黒磯ボウル　菅間　記念病院

P.132 LUNETTES+山の道具屋　ROOMS P.132　本町　CAFÉ DE Grand Bois P.131

大黒屋　黒磯郵局　KANEL BREAD P.131

末広町　黒磯高　黒磯小　豊浦豊町　P.131

P.133 那須塩原市図書館 みるる　まるぱん工房

清住町　図書館通り　豊町　安藤町　原町

黒磯中　ヨークベニマル　沼原池

303　黒磯幸町

宇都宮駅　男鹿岳▲

道の駅たじま

南会津町

121

352

400　大佐飛岳▲　P.150 那須/板室温泉 湯宿きくや

男鹿高原駅　P.151 板室温泉 大黒屋

P.151 ONSEN RYOKAN 山喜　ハイランドパー

野岩鉄道

上三依塩原温泉口駅　栃木県
那須塩原市

P.16上図 塩原温泉郷

川治温泉駅　上塩原　元湯温泉口　明神下　笠木入口

塩原田代　第三窟　古町温泉　竜化の滝入口　P.119

農村レストラン高林坊

塩釜温泉　塩原大網　入勝橋　蟇川

もみじ谷大吊橋　道の駅
湯の香しおばら

日光市　雄飛滝

きぬがわ高原
カントリークラブ　ハンターマウンテン
塩原スキー場　塩原口

下田野

エーデルワイススキー場　金沢台

西那須野塩原

400

千本松

釈迦ヶ岳　那須野が原博物館
道の駅
那須野が原博物館

メイフラワーゴルフクラブ　相の沢

県民の森　東北自動車道

矢板カントリークラブ　矢板市

新藤原駅　鬼怒川温泉駅　宇都宮IC　宇都宮駅

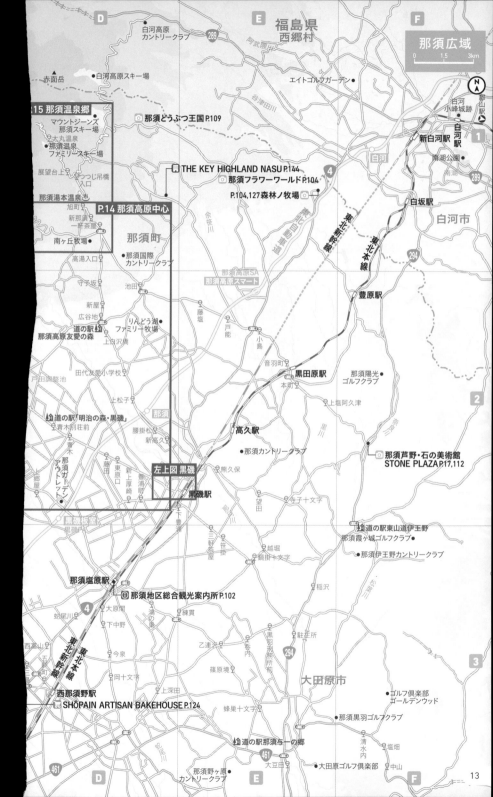

白河高原
カントリークラブ

D

289

阿武隈川

エイトゴルフガーデン

郡山駅

白河
小峰城跡

1

赤面岳

白河高原スキー場

那須どうぶつ王国 P.109

白河

新白河駅

白河駅

マウントジーンズ
那須スキー場

P.15 那須温泉郷

大丸温泉

那須温泉
ファミリースキー場

谷津田川

南湖公園

THE KEY HIGHLAND NASU P.144

那須フラワーワールド P.104

4

P.104,127 森林ノ牧場

展望台上

つつじ吊橋

那須湯本温泉

旭町

白坂駅

白河市

289

余笹川

P.14 那須高原中心

新那須

一軒茶屋

東北新幹線

東北本線

294

那須町

南ヶ丘牧場

高湯入口

那須国際
カントリークラブ

那須高原SA
那須高原スマート

豊原駅

守子坂

池田

新屋

広谷地

りんどう湖
ファミリー牧場

道の駅
那須与一の里

藤塩

戸能

小島

新那須

音羽町

黒田原駅

那須陽光
ゴルフクラブ

那須高原駅

那須高原友愛の森

上伊沢橋

田代友愛小学校

本町

上塩阿久津

戸田調整池

上松子

那須

道の駅「明治の森・黒磯」

青木別荘前

腰掛松原

新高久

黒川

高久駅

那須カントリークラブ

那須芦野・石の美術館
STONE PLAZA P.17,112

東那須
ガーデン
アウトレット

藤岡

東原口

新上厚崎

東原崎

熊久保

寺子十文字

左上図 黒磯

黒磯駅

望田

黒磯坂室

黒磯坂下

下豊渕

三野輪

笹原

道の駅東山道伊王野

那須霞ヶ城ゴルフクラブ

那須伊王野カントリークラブ

越堀

鵜掛十文字

那須塩原駅

蛇尾川

4

大原間

漆の里

練貫

那須地区総合観光案内所 P.102

稲沢

下中野

今泉

乙連光丹

黒羽飛簿所前

駐荘所

294

3

西富山

五郎丸

岡十文字

上深田

篠原境

大田原市

ゴルフ倶楽部
ゴールデンウッド

西那須野駅

SHOPAIN ARTISAN BAKEHOUSE P.124

蜂巣十文字

那須黒羽ゴルフクラブ

清水
内

塩畑

461

道の駅那須与一の郷

大豆田

大田原ゴルフ倶楽部

中山

那須野ヶ原
カントリークラブ

D

461

E

F

13

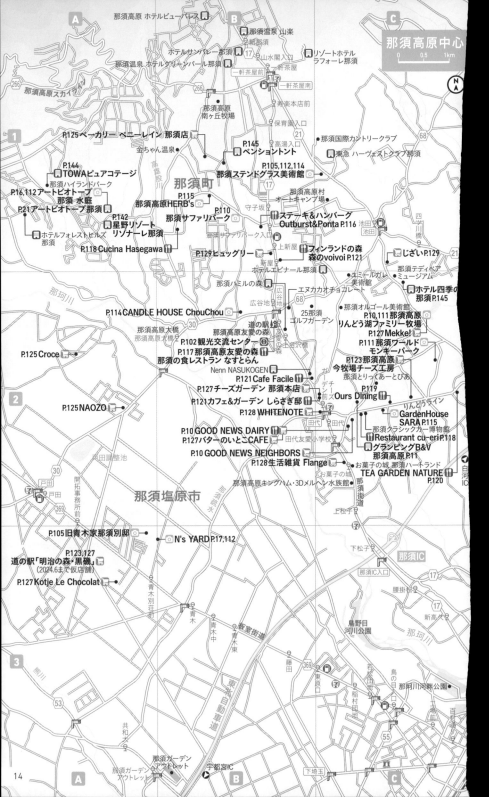

A   B   C

N

那須高原 ホテルビューパレス

那須温泉 山楽
頼朝桜

ホテルサンバレー那須 山水閣入口
那須温泉 ホテルグリーンパール那須 一軒茶屋前 一軒茶屋
一軒茶屋南

那須高原スカイ 寿楽本店前

那須高原 保育園入口
南ヶ丘牧場

那須国際カントリークラブ
金ちゃん温泉

P.125ベーカリー ペニーレイン 那須店 P.145 東急 ハーヴェストクラブ那須
ペンショントント

P.144 P.105,112,114
TOWAピュアコテージ 那須ステンドグラス美術館

那須高原ハイランドパーク 那須高原村
P.16,112アートビオトープ P.115 オートキャンプ場
那須 水庭 那須高原HERB's
P.21アートビオトープ那須 P.110 守子坂

P.142 那須サファリパーク ステーキ&ハンバーグ
星野リゾート Outburst&Ponta P.116
リゾナーレ那須 那須サファリパーク入口 上ун屋 池田

ホテルフォレストビルズ フィンランドの森
那須 P.118 Cucina Hasegawa P.129ヒュッグリー 森のvoivoi P.121 じざい P.129

ホテルエピナール那須 エミールガレ
那須ハミルの森 美術館

ホテル四季の
エヌカカオチョコレート 那須 P.145

P.114 CANDLE HOUSE ChouChou 広谷地 那須オルゴール美術館
ゴルフガーデン P.10,111那須高原
那須高原大橋 道の駅 りんどう湖ファミリー牧場
那須高原友愛の森 P.127 Mekke!
P.125 Croce P.102観光交流センター P.111那須ワールド
P.117那須高原友愛の森 モンキーパーク
那須の食レストラン なすとらん P.123那須高原
Nenn NASUKOGEN 今牧場チーズ工房
P.121 Cafe Facile 那須とりっくあーとぴあ
P.127チーズガーデン 那須本店 P.119
P.125 NAOZO P.121カフェ&ガーデン しらさぎ邸 Ours Dining
P.128 WHITENOTE りんどうライン
GardenHouse
P.10 GOOD NEWS DAIRY SARA P.115
P.127バターのいとこCAFE Restaurant cu-eri P.118
P.10 GOOD NEWS NEIGHBORS 田代 グランピングB&V
P.128生活雑貨 Flange 那須高原 P.11
那須高原キングハム・3Dメルヘン水族館 TEA GARDEN NATURE
お菓子の城 那須ハートランド P.120

那須塩原市 那須街道

那須IC

P.105旧青木家那須別邸 那須IC入口

P.123,127
N's YARD P.17,112
道の駅「明治の森・黒磯」
(2024.6まで仮店舗)
P.127 Kotje Le Chocolat 鳥野目
河川公園

那珂川河畔公園

東北自動車道

那須ガーデン 宇都宮IC
アウトレット

那須温泉郷

0　250　500m

鬼面山

飯盛山

マウントジーンズ那須スキー場

大島

那須ロープウェイ
山麓
那須ロープウェイ P.136

大丸温泉
大丸温泉旅館 P.147
旅館ニューおおたか
大丸温泉
那須マウントホテル

那須温泉
ファミリースキー場
(休止中)

弁天温泉
休暇村那須
休暇村那須

北湯入口

白戸川

白戸川

P.106那須平成の森

高雄股川

中曽根

八幡ツツジ群落
八幡温泉
なす自然の家

展望台上駐

つつじ吊橋 P.137
つつじ吊橋入口

P.136那須高原展望台(恋人の聖地)
恋人の聖地

那須塩原市
湯本

P.136殺生石

那須湯本温泉

那須温泉神社
那須湯本温泉
那須町観光協会
那須ゴルフ倶楽部
松川屋那須高原ホテル
Nasu Matsukawaya
クラブハウス

ビジターセンター入口
那須高原ビジターセンター
那須いこいの家

ぬくもりに心なごむ湯宿 星のあかり P.146

P.122あまたにチーズ工房
ホテルブランヴェール
那須
那須高原ミッシェルガーデンコート
新那須温泉
那須温泉 山楽
ペット&スパ
ホテル那須ワン
四季倶楽部
ベルフォーレ那須

P.147那須高原の宿 山水閣

ホテルサンバレー那須

山水閣入口

NOTE/NASU P.11

那須温泉 ホテルグリーンパール那須

一軒茶屋前

P.112,139 藤城清治美術館

一軒茶屋角

CARO FORESTA那須高原VOLPE

高久乙

P.136那須高原 南ヶ丘牧場

P.137 那須バギーパーク

P.137
森のカフェ 風雅

寿楽本店前

P.117ステーキハウス寿楽 本店

保育園

塩原温泉郷

N

0　0.5　1km

A | B | C

鴫内山▲

比津羅山

小佐飛山

那須塩原市

若見山

266

弥太郎山

蛇尾川ダム　小蛇尾川

湯の香ライン

400

塩原運動公園

上塩原温泉

遊湯センター

箱の森プレイパーク

ハタダム

P.149 四季味亭 ふじや

元湯温泉郷

P.149 離れの宿 楓音

下図 塩原温泉郷中心

しおばら千二百年物語
/BLESS P.141

華の湯

上塩原

もみじライン入口

塩釜温泉

畑下温泉

竜化の滝
竜化の滝入口

夕の原

福のゆ　潜竜峡入口

がき石トンネル

みかえりの滝

安戸山

元湯

八郎ヶ原牧場

奥塩原新湯温泉

富士山

大沼

赤川

P.148 湯ったりの宿
松楓楼 松屋

福渡口

P.140 回顧の滝(観瀑台)
回顧の吊橋

回顧の滝

みちのく大吊橋

入勝橋

19

鹿股川

56

P.140 もみじ谷大吊橋

ダム遊園

400

ハンターマウンテン
塩原スキー場

塩原温泉郷中心

N

0　150　300m

箒川

伊東園ホテル塩原

源三重

源三窟

ゆとりろ那須塩原

シーアイヴィラ那須塩原

追沢橋

釜彦 P.141

塩原交番前

紅葉橋

ホテルおおるり

平沢川

那須塩原市
塩原

源泉の湯・東や

塩原温泉
バスターミナル

温泉神社

紅の吊橋 P.141

保育園入口

塩原温泉 八汐荘

蓬莱橋

くだものやカフェ 藤屋 P.141

卍妙雲寺

源美の宿 会津屋

常盤ホテル

大江戸温泉物語 ホテルニュー塩原

ホテルニュー塩原

八汐第二公園

光雲荘

八汐橋

栄太楼 P.141

温泉門前

七ッ岩吊橋

七ッ岩

割烹旅館 湯の花荘 P.148

温泉神社

塩原 湧花庵

湯の花荘前

塩原街道

記念公園
天皇の間

400 天皇の間

公民館

文化会館

P.141 湯っ歩の里

塩原橋

海園橋

ビジターセンター

塩湧橋

亀の井ホテル
塩原

大江戸温泉物語
かもしか荘

吉井の滝

富士山公園

四季の里

栃木県医師会
塩原温泉病院

56

16

A | B | C

HARETABI
ハレ旅

旅が最高のハレになる

日光・那須
NIKKO NASU

本書をご利用になる前に

【データの見方】

- 🏠 住所
- ☎ 電話番号
- 🕐 営業時間(オープンからクローズまでを表記しています。ラストオーダーや入館締切時間は異なります。また、店の都合により閉店が早くなることもあります)
- 🗓 祝日、年末年始などを除く定休日
- 💴 大人の入場料、施設利用料、宿泊料金

- 🚃 最寄り駅やバス停、最寄りICなどからの所要時間
- 🚗 駐車場の有無(有料の場合は(有料)と表記しています)
- 料金 宿泊料金
- IN チェックイン時間　OUT チェックアウト時間
- ▶MAP 別冊地図上での位置を表示

【ご注意】

本書に掲載したデータは2023年6〜7月現在のものです。内容が変更される場合がありますので、事前にご確認ください。料金は、基本的に取材時点での税率をもとにした消費税込みの料金を記載しています。消費税別の場合は(税別)と表記しています。ホテル料金は基本的に2名1室利用の場合の1名の最低料金を記載していますが、サービス料などは各ホテルにより異なります。本書に掲載された内容による損害等は弊社では補償しかねますので、あらかじめご了承ください。

CONTENTS

日光・那須でしたい**90**のこと

☑ やったことにCheck!

取り外せ〜
詳細MAPを

\ スマホやPCで！/
ハレ旅 日光・那須
電子版が無料！
購入者限定 FREE
無料アプリ honto で今すぐダウンロード
詳しくは→P.160

どこで何ができるの？
夢を叶えるエリアをリサーチ

日光・那須は、栃木県北部にある、東西に隣接する3つの市町。
まずはそれぞれのエリアの特徴をつかんで、どちらに行くかを考えよう。

NIKKO NASU MAP

3つを合わせると栃木県の約1/3を占める。
それぞれのエリアを回るだけで最低1泊2日は欲しい。

日光市

東照宮詣でならここへ

日光
にっこう
→P.25

日光の玄関口であり、言わずと知れた日光東照宮があるのがここ。周辺には古くからの門前町があり、グルメやショッピングが楽しめる。関東にある市町村の中で最も広い。日光市は東照宮のある日光山内から華厳ノ滝＆中禅寺湖の奥日光、霧降高原、今市、鬼怒川温泉までも含む。

華麗な彫刻に彩られた日光東照宮

明智平展望台から眺めた、中禅寺湖と華厳ノ滝

湯元温泉

天空回廊を
ハイキング

川治温泉

霧降高原

鬼怒川温泉

奥日光

華厳ノ滝と
中禅寺湖はココ

世界遺産の
東照宮はココ

日光山内

今市

おすすめ
町歩きエリア

日光の温泉地

湯元温泉
ゆもとおんせん
→P.94

奥日光の最奥、湯ノ湖に面した温泉地。湖のほとりに大小さまざまな温泉宿が並ぶ。源泉は日本で4番目に濃いと言われる単純硫黄泉。

鬼怒川温泉
きぬがわおんせん
→P.98

鬼怒川渓谷に沿って大型の温泉ホテルが並ぶ。景勝地としても知られており、鬼怒川の激流を利用したアクティビティも楽しめる。

川治温泉
かわじおんせん
→P.100

鬼怒川をさらに北上した場所にある。静かで小規模の宿が多く、ゆっくりと過ごしたい人向け。グルメやショッピングの楽しみは少ない。

知っ得 日光・那須の基礎知識		
🚗 東京から〈車〉	2時間〜（日光）、2時間30分〜（那須）（→P.153）	
🚌 主な交通手段	車、バス（→P.154）	
🍁 シーズン	紅葉の秋。夏は避暑地としても有名	
✦ パワスポ	日光東照宮、日光二荒山神社、日光山輪王寺など	
♨ 温泉	日光・那須いずれも温泉天国。たくさんの温泉宿がある	
🏞 景観	信仰の対象ともなる日光連山、那須連山の山々	

那須温泉郷

板室温泉

メインとなる
エリアはココ

那須町

那須高原

黒磯

おすすめ
町歩きエリア

塩原温泉郷

那須塩原市

栃木県

山に囲まれた高原リゾート

那須
なす
→P.101

那須連山の麓に開けた山岳リゾートで、那須塩原市、那須町を合わせたエリア。皇室の夏の避暑地としても有名で、かつての御用邸用地を利用した那須平成の森ではハイキングも楽しめる。テラス席があるおしゃれカフェやパン工房、雑貨店を回る、高原ドライブを楽しもう。

かわいいテラスカフェでランチしよう

希少な動物に出会える那須どうぶつ王国

タウン別バロメータ

これを見れば何がイチオシか早わかり！
エリアの特性をつかもう。

🎵 遊ぶ　✦ パワスポ
🛒 買う　📷 観光する
🍴 食べる

日光・那須で押さえるべきキホン

①各エリアで1泊2日、両方回るなら2泊3日
どちらのエリアもかなり広く、それぞれを回るだけで1泊2日。日光から那須までは、高速道路を利用しても1時間30分ほどかかる。

②効率よく回るなら車が必須
日光山内周辺を除き、車で回るのがおすすめ。どちらも首都圏から2〜3時間なので、マイカーを利用するのが一般的。山道が多いので運転は慎重に。

③冬の那須はオフシーズン
那須温泉郷など山麓エリアを中心に雪が降る。いくつかの店や見どころがクローズする。人が少ないので、人気店に並ばず入店するチャンスも。

那須の温泉地

那須温泉郷
なすおんせんきょう
→P.136

那須連山の主峰、茶臼岳の東山麓にある、11の温泉地の総称。山を見渡す露天風呂が自慢の温泉宿が人気。見どころも豊富にある。

塩原温泉郷
しおばらおんせんきょう
→P.140

箒川沿いの渓谷に沿った温泉地。150カ所もの源泉があり、効能や色の違いなどで温泉を選ぶことができる。秋の紅葉の名所。

板室温泉
いたむろおんせん
→P.150

那須連山の西山麓。小さくて静かな温泉地だが、近年はモダンな宿が増えてきている。泉質は無色透明のアルカリ単純温泉。

王道1泊2日のモデルコースで
日光を200%楽しむ

1日目

日光山内参拝と門前町で食べ歩き

初日は、日光東照宮、日光二荒山神社、日光山輪王寺の二社一寺へ。参拝後は門前町でグルメ&ショッピング。

AM

9:30 日光駅

バス
約10分

10:00
日光東照宮
→P.28
<所要約2時間>

徒歩
約6分

PM

12:30
西町
<所要約1時間30分>

西参道茶屋
→P.56

日光そば処 たくみ庵
→P.62

吉見屋
→P.57

徒歩
約7分

14:00
日光二荒山神社、
日光山輪王寺
→P.40、42
<所要約1時間>

バス
約6分

15:00
門前町
<所要約2時間>

日光ぷりん亭
→P.50

TENTO chocolate
→P.71

徒歩
約5分

18:00
Trattoria Gigli
→P.64
<所要約1時間>

SIGHTSEEING

**まずは日光東照宮！
荘厳な装飾にうっとり♡**

国宝の陽明門をはじめ境内をじっくり回る2時間。有名な三猿と眠り猫も忘れずに見学しよう。

LUNCH　SHOPPING

西町でランチ&お買い物

おしゃれな店が急増中の西町をおさんぽ。ランチは日光そば、カフェやおみやげ探しもできる。

日光はそばの名店が多い

吉見屋で見つけた日光下駄

日光珈琲でブレイクしよう

SIGHTSEEING

二荒山と輪王寺へ参拝

再度日光山内へ戻り、二荒山神社と輪王寺へ。お守りや御朱印などの授与品もチェックして。

縁結びにご利益のある日光二荒山神社

POINT

輪王寺は2カ所に

日光山輪王寺は、三仏堂、大猷院という大きく2つの見どころがある。2つの間は徒歩10分ほど。

荘厳な楼門が見られる日光山輪王寺大猷院

TAKEOUT　SHOPPING

門前町をぶらぶら歩き

日光のメインストリート。老舗から話題の店までさまざまな店が集中。おみやげはここで。

DINNER

地元イタリアンでディナー

門前町のイタリアンレストランで夕食。ヤシオマスのパスタがおすすめ。

かわいいプリンが名物

TENTO chocolateでキュートなチョコレートをぜひ

旅を最大限に楽しむため、どこをどういう順番で回るか、スケジュールが重要。モデルコースを参考に計画を立てよう。

日光のめぐり方

1日目、日光駅から日光東照宮などがある日光山内周辺は、バスと徒歩で十分に回れる。東武バス運営の「世界遺産めぐりバス」をうまく使おう。2日目も東武バスの湯元行きがあるが、効率よく回るなら車を利用するのがおすすめ。紅葉シーズンは渋滞に注意。

奥日光へドライブ！絶景ウォッチング

2日目は車に乗って、奥日光までドライブを楽しむ。中禅寺湖や華厳ノ滝など、大自然の絶景を回る。

[DRIVE]
いろは坂をドライブ

つづら折りの急カーブが続くいろは坂。途中、明智平ロープウェイに立ち寄って、絶景を堪能。

[POINT]
レンタカーなら日光駅で

日光駅周辺には有名レンタカー会社のオフィスがある。繁忙期は早めの予約を。

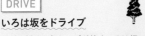

新緑も紅葉もきれいないろは坂

ロープウェイで山の展望台へ

[LUNCH]
レストランメープルで湖畔ランチ

中禅寺湖へ到着。湖畔にある洋食レストランで、湖を見ながらランチタイム。とちぎ和牛のハンバーグがおいしい。

[SIGHTSEEING]
日光3滝をコンプリート！

日光を代表する3つの滝をぐるり。それぞれ離れているので、トータル1時間30分はかかる。

中禅寺湖から落ちる華厳ノ滝

渓流瀑の竜頭滝

[AFTERNOON TEA]
ラストは優雅にアフタヌーンティー

湯滝から中禅寺湖へ戻ったら、憧れのザ・リッツ・カールトン日光へ。アフタヌーンティーで旅を締めくくる。

宿泊客以外でも楽しめるアフタヌーンティー

豪快に流れ落ちる湯滝

[2日目]

AM

9:30 日光駅

車
約30分

10:00
いろは坂
→P.72
＜所要約1時間＞

明智平ロープウェイ
└ →P.72

車
約10分

11:30
レストランメープル
→P.80
＜所要約1時間＞

車
約3分

PM

13:00
日光3滝
＜所要約1時間30分＞

華厳ノ滝
└ →P.73

竜頭滝
└ →P.74

湯滝
└ →P.75

車
約20分

15:00
ザ・ロビーラウンジ
→P.76
＜所要約1時間＞

華厳ノ滝から竜頭滝、湯滝間は車で20分ほど。途中まで中禅寺湖沿いを走る。

王道1泊2日のモデルコースで

那須を200%楽しむ

那須の自然を見て感じて味わう

1日目は豊かな自然と食を満喫！まずは牧場と森で自然と触れ合い、午後は新鮮な食材を使った料理を堪能しよう。

1日目

AM

9:50 那須高原スマートIC

🚗 車
約10分

10:00 森林ノ牧場
→P.104
＜所要約1時間＞

🚗 車
約25分

11:25 那須平成の森
→P.106
＜所要約1時間45分＞

🚗 車
約20分

PM

13:30 Restaurant cu-eri
→P.118
＜所要約1時間30分＞

🚗 車
約5分

15:30 カフェ＆ガーデンしらさぎ邸
→P.121
＜所要約1時間45分＞

🚗 車
約10分

18:00 ステーキハウス寿楽 本店
→P.117
＜所要約1時間＞

SIGHTSEEING

TAKEOUT

しぼりたてミルクを求めて牧場へ直行！

酪農が盛んな那須でハズせないのが牧場。のどかな風景を楽しみつつ、フレッシュな牛乳やソフトクリームを味わおう。

美しい森と愛らしい牛に癒やされる

POINT

牧場内をお散歩

牛が放牧されている森まで歩くことができる。牛と一緒に森林浴を楽しもう！

SIGHTSEEING

自然豊かな那須平成の森をハイキング

茶臼岳の麓にある森でリフレッシュ♪自然界の生態系を学びながら、動植物を見つけてみよう。

初心者でも安心のコースが整備されている

POINT

薄着に注意！

標高が高く気温が下がるので、夏でも長袖長ズボンを着て、運動靴で行くこと。

LUNCH

地産地消レストランでランチを堪能

自然に恵まれた那須は食の宝庫！高原野菜など地元食材を使った料理を提供する飲食店が多い。

旬の食材が詰まった体も喜ぶメニュー

CAFE

緑に囲まれたテラス席でティータイム

ひと休みするなら、自然を感じられるテラス席があるカフェでキマリ☆

心地よいカフェタイムを過ごせる

DINNER

夜はガッツリ那須和牛ディナー

夜は上質な那須和牛でキマリ。おすすめは肉の旨みがダイレクトに感じられるステーキ。

噛めば噛むほど旨みが増す

充実した旅のためには、いかにして効率よく回るか計画を立てるのが大切。モデルコースを参考にスケジュールを組もう！

 那須のめぐり方

バスは運行しているが本数が多くないので、2日間とも車で回ろう。1日目は那須連山の麓からメイン通りの那須街道を走る。2日目は、平地の青木と黒磯。黒磯では、市営駐車場や「shozo」の看板がある駐車場に車を停めて歩いて回ろう。

 **2日目**

映えスポットと
おしゃれな黒磯を巡る

2日目はアートスポットで記念撮影☆黒磯に移動したら、町を歩いておしゃれなカフェやショップに立ち寄ってみよう。

SIGHTSEEING
自然と融合したアートの世界に浸る

SNSで話題沸騰中のアートスポットへ。自然を生かした作品を見て美的センスを磨こう。

POINT
カフェやショップもチェック！
作品に囲まれてカフェを楽しんで、オリジナルグッズを忘れずゲットしよう。

N's YARDのカフェはメニューにもこだわっている

SHOPPING
ハイレベルな
ナチュラルチーズをゲット

那須のおみやげといえば、チーズ！手作りのナチュラルチーズは数々の受賞歴があるほどレベルが高い。

あまたにチーズ工房のチーズはすべて手作り

SHOPPING CAFE
ハイセンスなカフェ＆ショップが集まる
黒磯をぶらり

黒磯駅周辺では、カフェや雑貨店などの個性的なお店が点在。歩きながらお店をハシゴしよう！

リノベカフェの先駆け

POINT
駐車場は共同
1988 CAFE SHOZOのある通りには数カ所の無料の駐車場があり、周辺の店舗と共同。

SHOPPING
Chusでこだわりの
おみやげをまとめ買い

那須観光のラストはChusでおみやげ探し。地元の食をテーマに、幅広いこだわりのおみやげが並ぶ。

調味料やお菓子、お酒、伝統工芸品まで揃う

AM

10:00
N's YARD
→P.17
＜所要約1時間＞

 車
約20分

11:20
あまたにチーズ工房
→P.122
＜所要約40分＞

 車
約30分

PM

12:30
黒磯
＜所要約2時間＞
├ 1988 CAFE SHOZO
│ →P.130
├ SOMA JAPON
└ →P.132

 徒歩
すぐ

14:30
Chus
→P.134
＜所要約45分＞

HARETABI NEWSPAPER

日光、鬼怒川へ向かう東武鉄道に「新型特急スペーシア X」が登場し、移動も旅の楽しみのひとつに。注目の新スポット、多彩なホテルやグランピングも誕生！

SHOPPING

森の中にオープン！
人気ショップが並ぶエリア

2022年
7月OPEN

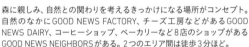
自然にとけこんだGOOD NEWS NEIGHBORSの建物

那須と自然の魅力を発信
GOOD NEWS
グッドニュース

森に親しみ、自然との関わりを考えるきっかけになる場所がコンセプト。自然のなかにGOOD NEWS FACTORY、チーズ工房などがあるGOOD NEWS DAIRY、コーヒーショップ、ベーカリーなど8店のショップがあるGOOD NEWS NEIGHBORSがある。2つのエリア間は徒歩3分ほど。

⏰ 9:00〜17:00　㊡ 第2木曜（店舗により異なる）🚃 JR那須塩原駅から関東バスで25分、バス停「田代友愛小学校」から徒歩5分
DAIRY 🏠那須町高久乙2905-25　🚗 50台（1回500円）
NEIGHBORS 🏠那須町高久乙24-1　🚗 400台（1回500円）
那須高原中心 ▶ MAP 別P.14C-2

自然との共存や持続可能がテーマ

那須の人気スイーツ「バターのいとこ」のファクトリーとショップを中心に、サスティナブルな取り組みをしているさまざまなジャンルのショップが集まる注目の新スポット！

GOOD NEWS FACTORY

「バターのいとこ」などの製造工場エリア。就労支援施設としての役割も果たしている。敷地内へは立ち入り禁止

BROWN CHESE BROTHER

ホエイを活用したブラウンチーズのお菓子「ブラウンチーズブラザー」を販売
⏰9:00〜17:00
㊡第2木曜

USHIO CHOCOLATL

世界各国から良質な豆を仕入れ焙煎から行うBean to Barのチョコレートを販売
⏰11:00〜17:00
㊡火・水曜、第2木曜

TOURISM

アニマルSPOTにこっぺぱん。
ニューオープンをチェック！

2023年
3月OPEN

アルパカを間近に見て、餌やり（300円）もできる

CUTE!

アルパカとアスレチックのコラボ
那須高原りんどう湖
ファミリー牧場
なすこうげんりんどうこファミリーぼくじょう

那須アルパカ牧場にいた約180頭のアルパカが、りんどう湖ファミリー牧場に引っ越し。新たにオープンした施設「あるぱーく」は、アルパカ放牧場の上につくられたアスレチック。アルパカを見下ろしながらネットの上を歩ける。→P.111

ユニークな「あるぱーく」とふわふわこっぺ

アルパカとの触れ合いとアスレチックが楽しめる「あるぱーく」と、人気の道の駅近くにオープンしたこっぺぱん専門店。

2023年
1月OPEN

こっぺぱんのイラストが目印

食事系からスイーツ系までこっぺぱんが勢揃い

ふわふわのこっぺぱん専門店
ふわこっぺ日光店
ふわこっぺにっこうてん

道の駅日光（→P.85）から徒歩5分。焼きたてこっぺぱんにさまざまな具材をサンドした、30種類ものメニューがある。

🏠日光市今市691　☎070-8478-8938　⏰11:00〜16:00
㊡水・日曜（ほか不定休あり）🚃JR今市駅・東武鉄道下今市駅から徒歩5分　🚗2台　今市 ▶ MAP 別P.5E-3

浅草から日光・鬼怒川方面へ「新型特急スペーシア X」が運行開始！

2023年7月START

ボディーは陽明門の柱にあしらわれている胡粉のような高貴な白

「特急スペーシア」がパワーアップ

東武特急の代名詞「スペーシア」が進化した「新型特急スペーシア X」が運行開始。ロープウェイのゴンドラにも「スペーシア X」仕様が登場！

「スペーシア X」ラッピングゴンドラ登場
明智平ロープウェイ
あけちだいらロープウェイ

「新型特急スペーシア X」の運行を記念して、16人乗りのゴンドラが赤地に白ラインから、白い「スペーシア X」ラッピング仕様に変身。→P.72

6種類のシートバリエーション
東武鉄道「新型特急スペーシア X」
とうぶてつどう「しんがたとっきゅうスペーシア エックス」

車両名に付け加えられた「X」は、鹿沼組子の象徴的な模様でもあり、窓枠などに組子模様があしらわれ、伝統的な模様と現代的なデザインが融合。1・6号車は丸みを帯びた特徴的な形状だ。

通常シートのほか車両ごとに趣の異なる個室やソファ席、ラウンジタイプの席など6種類

2023年6月START

日光の絶景をラッピングされたゴンドラから一望できる

STAY

温泉三昧が楽しめる新スタイル リゾートホテル＆グランピング！

プライベート感たっぷりの温泉リゾート

良質な温泉と上質の宿、どちらも楽しめるのが日光・那須の魅力。ラグジュアリーホテルやグランピングで体感しよう。

2022年9月OPEN

森の中の7室の小さなホテル
NOTE/NASU
ノート/ナス

「香り」をコンセプトとしたわずか7室の宿。滞在中さまざまな香りを楽しめる。露天風呂付きの温泉は部屋ごとに貸し切り利用できる。

🏠那須町湯本 203-86 ☎0287-74-6831 ⊗JR那須塩原駅から関東バスで40分、バス停「一軒茶屋」から徒歩15分 🅿7台
那須温泉郷 ▶MAP 別 P.15F-3

料金 1泊2食付き1室5万2800円〜（入湯税別）
IN 15:00〜17:30
OUT 11:00

2023年4月OPEN

「ゆっくりと、たおやかに。」がテーマ
TAOYA日光霧降
タオヤにっこうきりふり

大江戸温泉物語 日光霧降が、空と森を一望する露天風呂と飲食が含まれるオールインクルーシブの温泉リゾートホテル「TAOYA」にリブランド。

🏠日光市所野 1535-1 ☎0570-011263 ⊗JR日光駅・東武日光駅から無料シャトルバスで15分 🅿110台
日光広域 ▶MAP 別 P.5D-2

料金 1泊2食付き1名1万9200円〜
IN 15:00
OUT 10:00

2023年8月OPEN

全棟プライベート温泉、サウナ付き
グランピングB&V 那須高原
グランピング ビー＆ブイ なすこうげん

広大な敷地に全12棟、5種類のグランピングテントがあり、全棟プライベート温泉、サウナ、焚き火、トイレ付き。全天候型食事スペースも完備。

🏠那須町高久甲上ノ台5731-8 🖥予約サイトから ⊗JR那須塩原駅から関東バスで30分、バス停「田代友愛小学校」下車、徒歩10分 🅿あり
那須高原中心 ▶MAP 別 P.14C-2

料金 1泊2食付き1名2万2000円〜
IN 15:00〜19:00
OUT 7:00〜10:00

日光・那須「4つ」の事件簿

神様に守られた自然豊かな土地だけど、アクシデントと無縁という訳ではありません。万全の注意を払って、最高の旅を。

🔍 事件ファイル ①

東照宮も、中禅寺湖も、鬼怒川温泉だって全部日光！1日で回れると思ったのに、無理じゃん…

午前中に東照宮、午後から奥日光。絶景温泉に立ち寄って日帰りって決めてたのに、時間が足りない！どれも同じ日光市じゃないの？

解決！ 日光はとても広い！最低でも1泊2日の日程を立てよう

日光市は関東最大の市で、栃木県の実に約1/4を占めるほどの面積があります。さらに山道も多いので、移動にとにかく時間がかかります。東照宮に加え奥日光、鬼怒川温泉まで行くなら1泊2日以上の日程で行くようにしましょう。

JR・東武日光駅からの距離、時間

日光東照宮	約2km、約5分
中禅寺湖	約19km、約30分
湯元温泉	約33km、約50分
霧降高原	約11.5km、約30分
鬼怒川温泉	約19km、約30分
川治温泉	約28km、約45分

※車の場合

🔍 事件ファイル ②

紅葉真っ盛りの日光！東照宮からいろは坂で奥日光へ所要3時間⁉ このカーナビ壊れてる！

楽しみにしていた紅葉時季の日光！東照宮から奥日光へ行こうと車に乗ってカーナビを動かしたら、「3時間くらいかかります」って。20km弱しか離れてないのに、なぜ？

解決！ 紅葉シーズンのいろは坂は激混み！平日に行くか、時季をずらそう

紅葉シーズンには観光客が集中し、道路が大混雑します。特に東照宮のある日光市街から奥日光へ行くには必ずいろは坂を通るので渋滞が避けられません。週末のお昼頃には到着まで2〜3時間なんてことも。回避するにはピーク時間をずらすしかありません。

いろは坂の渋滞ピーク

時季	GW（4月下旬〜5月上旬）、紅葉シーズン（10月中旬〜下旬）
曜日	土・日曜、祝日
時間帯	8:00〜17:30

Check! / 2019年から渋滞緩和？

いろは坂の渋滞緩和策として、2019年10月からいろは坂が全面一方通行になった。これにより、従来よりも渋滞が緩和されることが期待されている。

🔍 事件ファイル ③

日光駅到着！すぐにバスで東照宮へ。あれ？このバッグはどうしたらいいのでしょう？

日光まで1泊2日の旅へ来ました。駅から世界遺産めぐりバスに乗って東照宮へ。境内は階段も多いし、大きな荷物がとにかく邪魔！どこか預けられる場所はないですか？

解決！ 大きな荷物は、手荷物配送サービスを利用して

JR・東武日光駅には大型のコインロッカーがあり荷物が預けられます。ホテルが駅前ならいいけれど、遠い場合は面倒です。東武日光駅構内のヤマト運輸には、手荷物の宅配サービスがあります。指定の場所やホテルまで当日17:00までに配送してもらえて便利。

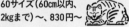

手ぶら観光サービス

受付	ヤマト運輸宅配カウンター
場所	東武日光駅構内
配送可能エリア	日光市内、中禅寺温泉、湯元温泉、鬼怒川温泉、川治温泉など
受付時間	9:00～14:00（鬼怒川、川治は～12:30）
料金	60サイズ（60cm以内、2kgまで）～、830円～

🔍 事件ファイル ④

秋の那須。黒磯は暖かかったのに、泊まる温泉は雪！なんでー!!

お昼に黒磯のおしゃれカフェでお茶、高原をドライブしながら夜は宿泊場所である那須温泉郷へ。温泉宿の周辺、メチャ寒くないですか!?おまけに雪まで降ってきた！

DAY TIME

NIGHT TIME

解決！ 平地と山麓は気温が違う！上着を必ず準備して

黒磯は平野部、那須温泉郷は高原部にあり、標高差の影響で寒暖差が激しいです。昼は15℃近くまで上がっても、夜に天気が崩れれば氷点下近くになることも。昼間が暖かくても油断せず、必ず防寒具を持っていきましょう。日光も同様。

11月の日光・那須の気温

	最高気温	最低気温
日光市街(今市)	14.1℃	4.1℃
奥日光	9.4℃	0.6℃
黒磯	14.1℃	3.3℃
那須高原	11.4℃	1.8℃

参照：気象庁観測データ

HIGHLIGHT
01

関東でも指折りのパワースポット

世界遺産の日光山内でパワーをチャージ

聖地の表玄関を飾る朱塗りの橋

AM 9:00

日光山内への入口
赤い橋を渡り聖域へ

大谷川に架かる橋は、人間界と神の世の橋渡しをする存在。かつて道路のない時代、神職や僧たちはこの橋を渡り日光山内へと入った。

神橋
しんきょう

🏠 日光市上鉢石町 ☎0288-54-0535（日光二荒山神社） ⊙8:30～16:00（11～3月は9:30～15:00）⊗無休 ⊙拝観300円 🚃JR・東武日光駅から東武バスで7分、バス停「神橋」下車、徒歩すぐ ⊙なし

日光市街 ▶MAP 別P.6C-2

橋の下に、ハートの石を発見！

長さ28m、幅7.4mの木造の⋯

橋を歩いて渡れます

AM 9:15

森の中の参道を抜け
日光東照宮の正面へ

徳川家の葵の紋と「東照宮」と書かれた社号標がある日光東照宮の入口。階段を上り石の鳥居をくぐると、五重塔が立つ広場に出る。

聖なる気が満ちあふれる

国宝の陽明門

AM 9:30

北関東最大のパワスポ
日光東照宮を詣でる

江戸幕府を開いた徳川家康を神として祀る。5000を超える彫刻が彩る境内は、まさに色彩と装飾のワンダーランド。

● 日光東照宮 →P.28

鳥居の中に
門がすっぽり

POWER SPOT

北辰の道の起点
ほくしん

奥宮・本社・陽明門を結ぶ線と、江戸城と北極星を結ぶ線が交わる場所。最もパワーがみなぎる。

「北辰の道の起点」から陽明門を見上げる

奈良時代から関東における山岳信仰の中心として崇められた日光山内。東照宮を含む二社一寺を回り、聖なるパワーを充電しよう。

📖 **What is**

二社一寺

日光山内にある、日光東照宮、日光二荒山神社、日光山輪王寺の3つのこと。明治4（1871）年の神仏分離前は「日光山」と総称され、輪王寺がその中心だった。

🍁 ハイライト

世界遺産

アートスポット

かき氷

ホテル

御朱印

🕚 AM 11:30

聖地のカフェで♪ ランチ＆ひと休み

日光二荒山神社発祥の地である本宮神社に隣接するカフェへ。神職の元住居を利用した建物は、しっとりとして落ち着いた雰囲気。

●本宮カフェ →P.68

🕧 PM 12:30

地元にも愛される 二荒の神に良縁を祈る

男体山の神を祀る日光二荒山神社は、日光における山岳信仰の中心的存在。日光東照宮から続く上新道には灯籠が並び、神秘的。

●日光二荒山神社 →P.40

すべての運気を上げる究極のパワースポ

しめ縄で囲まれている

POWER SPOT
高天原（たかまがはら）

二荒山神社最大の聖地。春の例大祭で3社の神をお迎えし、伝統の八乙女神楽が奉納される場所。

🕜 PM 1:30

日光山内詣での最後は 三仏堂と大猷院へ

日光山輪王寺の大猷院は、東照宮を大造替した徳川家光公の廟所。山の斜面を4つの門が守り、最奥に家光公が眠る廟所がある。

●日光山輪王寺 →P.42

勇壮な仏に護られる楼門を回る

POWER SPOT
二天門（にてんもん）

日光山内でも最大の大きさを誇る楼門。持国天、増長天、風神、雷神の4尊が鎮座する。

世界観に引き込まれるアートスポット

アートな那須でセンスを磨く

那須では近年、アートスポットが話題。世界に名を馳せる有名なアーティストや建築家が手がけた作品と豊かな自然が融合した、"那須アート"の世界観に酔いしれよう。

「建築としての庭」
計算され尽くした造形美にうっとり

Garden

モザイクのような池の合間に318本の木々が植えられている

池に映る木々の絶景

芸術的な庭
アートビオトープ那須 水庭
アートビオトープなす みずにわ

建築家の石上純也による、自然と人工の絶妙なバランスで表現した水の庭。池・木・苔の3つの構成要素をミリ単位で計算して配置している。ホテルに併設しており、宿泊客は無料。

🏠 那須町高久乙道上2294-3 ☎0287-78-7833 ⏰水庭ツアー11:00、14:00 ㊡不定休 ㊙水庭ツアー2970円 ㊂JR那須塩原駅から車で30分 🚗15台

那須高原中心 ▶MAP 別P.14A-1

Let's Walk

宿泊者以外はツアーで水庭を見学できる。ウェブサイトで事前予約を

ガイドさんの話を聞いたあとは、水庭を自由に歩くことができる

併設のショップでアーティストのオリジナルグッズを販売

ナチュラルな雰囲気♪

歩いたあとはカフェで休憩しよう。ナチュラルなデザインで落ち着ける

Hotel

建築家・坂 茂設計のコテージに宿泊できる
→P.21

☐ Who is

石上純也
いしがみじゅん や

世界で注目されている若手建築家。自由な発想と自然とのつながりを感じさせる建築が特徴。日本建築学会賞など多数の受賞歴がある。

ハイライト

世界遺産

アートスポット

かき氷

ホテル

御朱印

自然と奈良美智作品の融合

N's YARD
エヌズ ヤード

緑に囲まれた奈良美智の私設アートスペース。自身の作品やコレクションしたもののほか、親交のあるアーティストの作品を展示。厳選素材のメニューを提供するカフェもぜひ。

🏠 那須塩原市青木28-3 ☎0287-73-5711 🕐3月下旬〜12月中旬の10:00〜17:00(最終入館は16:30) 🈳期間中火・水曜 🉐入館1500円 🚃JR那須塩原駅から関東バスで30分、バス停「青木別荘前」下車、徒歩7分 🚗70台

青木 ▶MAP 別 P.14A・B-3

奈良美智が集めた作家の作品やレコードなどを交え、自ら構成した5つの展示室がある(展示内容は毎年変わる)

Inside

📖 Who is

ならよしとも
奈良美智

日本を代表する現代アーティスト。感情をもつ女の子をモチーフにした作品が有名。国内外の美術館に作品が収蔵されている。

Outside

ハイライトは中庭にある高さ6mの野外彫刻「Miss Forest/Thinker」。庭には季節ごとに草花が咲き誇る

Cafe

無農薬抹茶など素材にこだわったメニューを提供する。もち粉ミニどらやきセット1100円

Shop

マスキングテープやノート、バッグ、Tシャツなどのオリジナルグッズを販売している

📖 Who is

くまけんご
隈研吾

世界的建築家。近代的な和を取り入れることから、「和の大家」とも呼ばれている。自然素材を使った環境に溶け込む建築を得意とする。

Outside

建物を結ぶ石橋を渡って展示室を巡る。敷地内の池に石蔵が映る姿も美しい!

石の表きに...らび

Inside

大正から昭和初期築の石蔵を利用した建物と地元の石を使った新しい建物が混在する

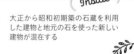

Shop

地元の石を使ったオリジナル商品をはじめ、国内外の天然石が並ぶ

入口にカフェもある

芦野石、白河石黒目、那須野石のコースター各550円

新旧の石で造られた美術館

那須芦野・石の美術館
STONE PLAZA
なすあしの・いしのびじゅつかん
ストーンプラザ

石の産地・那須芦野に古くから残されていた石蔵を生かし、隈研吾の手によって再生した美術館。石の茶室や石と光のギャラリーなど、敷地全体をひとつのアートとして表現している。

🏠 那須町芦野2717-5 ☎0287-74-0228 🕐10:00〜17:00(最終入館は16:30) 🈳月曜(祝日の場合は翌平日)、1〜2月 🉐入館800円 🚃JR黒田原駅から関東バスで10分、バス停「芦野仲町」下車、徒歩すぐ 🚗15台

那須広域 ▶MAP 別 P.13F-2

那須芦野・石の美術館STONE PLAZAは改装工事のため2023年10月中旬〜2024年5月(予定)の間休館。

17

HIGHLIGHT 03

ふわふわ食感の天然氷でクールダウン

日光天然氷のかき氷に夢中！

日光は、日本一の天然氷の生産地。透明な氷を削って作るかき氷は、驚くほどにふわっふわ！
日光にある3つの氷室、それぞれのかき氷を食べてみよう！

✧ 氷はもちろん、
こだわりの蜜も超☆おいしい

生いちごプレミアム
1210円
生のイチゴを使った特製蜜に、濃厚なクリームをトッピング

メロメロメロン
時価(1210円〜)
メロンの果肉を丸ごとお皿にした、珠玉の一杯。5〜7月頃の限定

自家製のコーヒー蜜がベストマッチ！

かき氷 雅
カフェ・オーレ
1430円
オリジナルのカフェオレ蜜。氷の中にアイスクリームが入っている

有名カフェでかき氷を
日光珈琲 御用邸通
にっこうこーひー ごようていどおり

四代目
徳次郎

日光きっての人気カフェで、四代目徳次郎のかき氷を通年提供している。鉋で削り出したように薄い氷が幾重にも重なったかき氷は、口に入れた瞬間にふわっと溶ける。
→P.68

1 つるりと透明な天然氷 2 とちおとめや桃などフルーツ蜜のかき氷 爽 990円もある

創業明治二十七年

日光 天然氷

ハイライト

世界遺産

アートスポット

かき氷

ホテル

御朱印

🏷 What is

日光の天然氷

天然氷とは、自然環境で凍らせた氷のこと。製造会社を氷室といい、全国で7軒しかないうち3軒が日光にある。天然氷をゆっくりと凍らせる氷は、純度が高くて硬い。

日光にある3つの氷室

松月氷室

明治27（1894）年に創業。日光のみならず全国に名を知られる有名氷室。

四代目徳次郎

霧降高原のチロリン村に直営店がある（→P.84）。YouTubeで氷の製造を発信している。

三ツ星氷室

日光三大氷室の一つ。氷の卸のみを行っており、直営のかき氷屋などはない。

松月氷室の直営店

松月氷室
しょうげつひむろ

松月氷室

自社の天然氷を使ったかき氷を一年中味わえる。製造から切り出し、削りまで行うかき氷は、雑味なくピュア。生フルーツを使ったオリジナル蜜の味をより引き立てている。

📍 日光市今市379　☎0288-21-0162
🕐11:00〜17:00（時季により平日時間短縮）
🈺月曜（祝日の場合は翌日）
🚃JR今市駅から徒歩5分　🅿10台（夏季は20台）　🚌今市　▶MAP 別 P.5E-3

1 夏には2時間以上待つことも。整理券を発行しているので、利用して 2 熟練の技で氷を削る

variation

京都の抹茶を使った宇治金時1210円。白玉とミルクソース付き

昔ながらのシロップを使ったかき氷も。こちらはレインボー660円

栃木のイチゴがごろごろ♡

三ツ星氷室の氷が味わえる

さかえや

揚げゆばまんじゅうで人気のおみやげ店で出すいちご氷は、5〜10月の季節限定。日光ストロベリーパークのイチゴ使用。ふわふわの氷とイチゴ＆練乳の甘酸っぱさがベストマッチ！
→P.52

三ツ星氷室

日光産いちごかき氷
1000円

日光のイチゴがたっぷり。練乳をかけて食べよう

店内に飲食スペースはないが、お店の前にテーブルが出る

🍧 松月氷室では、春のとちおとめ、夏のマンゴーなど季節限定の生フルーツ蜜がたくさんある。

泊まることが特別な体験になる！
最旬ホテルでリトリート

日光・那須にオープンした話題のホテル3軒。世界のブランドホテルに、レトロモダンなプチホテル、森の中のアートヴィレッジ。個性的な最旬ホテルで、スペシャルな休日を過ごそう。

中禅寺湖のほとりにたたずむ
世界ブランドのラグジュアリー

なんて贅沢な
眺め〜♪

Room

湖を見下ろすスペシャル感！
各部屋には縁側スペースが設けられており、中禅寺湖や男体山を一望できる。

伝統と世界ブランドの融合
ザ・リッツ・カールトン日光
ザ・リッツ・カールトンにっこう

国内5軒目となるザ・リッツ・カールトン。中禅寺湖を見下ろす地に立ち、敷地内の至る所から湖を眺められる。栃木の伝統工芸が随所に施された館内は、美しく洗練された空間。

日光市中宮祠2482 ☎0288-25-6666 [客室数]94室 JR・東武日光駅から東武バスで40分、バス停「ザ・リッツ・カールトン日光」下車、徒歩すぐ 25台 中禅寺温泉

[料金]1泊1室10万5665円〜
（2名利用の場合）
[IN]15:00
[OUT]12:00

Restaurant
栃木の伝統工芸に彩られる

寿司や鉄板焼きが味わえる日本料理レストラン。伝統工芸の鹿沼組子の装飾が施され、エレガントな雰囲気。

Breakfast
宝石みたいな朝ごはん

朝食は和食か洋食かをチョイス可能。ジュエリーボックスに見立てた木箱に料理が並び、心躍る。

Spa
おしゃれな天然温泉

石造りでモダンなデザインの天然温泉。内湯や露天風呂、香り高い檜のドライサウナもある。

Afternoon Tea
ロビーでお茶の時間

ザ・ロビーラウンジでアフタヌーンティーがオーダーできる。テラスでいただくことも可能。
→P.76

写真はイメージ

小さな宿だからこそできる最高のホスピタリティーを約束

緑見ながら温泉堪能♡

Spa

森を見ながらリラックス

自家源泉を使った、柔らかな湯の天然温泉。窓の外には緑が見え、秋には紅葉も楽しめる。

自然の中の至極のリゾート

ふふ 日光
ふふ にっこう

田母沢御用邸記念公園の隣にひっそりと立つ。明治・大正のテイストを感じるレトロモダンなデザイン。全室スイートタイプの部屋で、ラグジュアリーな滞在ができる。

🏠 日光市本町1573-8 ☎0570-0117-22 【客数】24室 ⊗JR・東武日光駅から東武バスで10分、バス停「蓮華石」下車、徒歩すぐ 🚗あり

日光 ▶MAP 別P.6A-2

【料金】1泊1室7万7000円〜
【IN】15:00
【OUT】11:00

Room

| ラグジュアリーな客室 |

客室は全室スイートルームでどの部屋にも天然温泉露天風呂を備える。部屋タイプは全6種類。

Entrance

| フォトジェニックなホテル |

豪華なロビー

館内には思わず撮影したくなるスポットも。栃木の大谷石や梅をモチーフにした照明が印象的。

Gourmet

| 日光食材を味わう |

ダイニングでは、日光の食材を使った旬の料理が味わえる日本料理と鉄板焼きの2つ。

自然とアートの新解釈 宿泊客は自由に水庭を散策可能

緑の中のアートなホテル

アートビオトープ 那須
アートビオトープなす

那須高原の山麓にあるヴィラタイプのリゾート。宿泊施設に併設して水庭やカフェ、陶芸やガラススタジオなどが入ったレジデンス棟がある。

🏠 那須町高久乙道上2294-3 ☎0287-74-3300 【客数】15室 ⊗JR那須塩原駅から車で30分 🚗あり

那須高原中心 ▶MAP 別P.14A-1

【料金】1泊1室6万6550円〜
【IN】15:00
【OUT】11:30

Biotop

「建築としての庭」を散策

宿泊者は水庭見学が無料。好きな時間に散策できる。

→P.16

Room

| 開放的な空間の客室 |

北欧の名作チェアが置かれ、窓が大きく開放感抜群。奥行き3mのテラスがある。

Experience

| 工房でアート体験 |

アートにいそしむ

レジデンス棟にあるアートスタジオでは、ガラスの制作体験などができる。

Architecture

| 有名建築家の作品 |

独立型のスイートヴィラは建築家・坂茂のデザイン。そばに清流が流れており、涼やか。

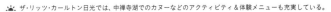

ザ・リッツ・カールトン日光では、中禅寺湖でのカヌーなどのアクティビティ＆体験メニューも充実している。

"ご利益あり"も"かわいい"も揃ってます

日光の社寺で御朱印集め

今や大人気の御朱印！日光の社寺でも、さまざまな御朱印がゲットできる。
ただし、御朱印はただのスタンプではなく神や仏の力が宿った神聖なもの。大事に保管すること。

奉拝に印と日付のみ
これぞシンプルイズベスト

シンプル、だけど重厚感

オリジナルの御朱印帳には手書きの御朱印と御遺訓が記される

奥宮限定のいただける御朱印

家康公の眠る奥宮での
みいただける御朱印

最大の東照宮
日光東照宮
にっこうとうしょうぐう

印は徳川家の葵の紋が押される。シンプルだけど美しい筆使い。授与所は3カ所で、本地堂では鳴竜の御朱印もいただける。　→P.28

御朱印DATA
❀ 授与所：
神楽殿横回廊、奥宮授与所、本地堂
❀ 授与時間：
9:00～17:00
（11～3月は～16:00）
❀ 種類：3種類
❀ 初穂料：500円

**オリジナル
御朱印帳**
陽明門と葵の紋が
刺繍された御朱印
帳（2500円）

右下に金剛桜の印が！

三仏堂でいただける御朱印。右下には桜の時季限定の墨書と印が

大きく2つのエリアに分かれる
日光山輪王寺
にっこうざんりんのうじ

三仏堂や大猷院など輪王寺境内の5カ所のほか、東照宮内の薬師堂（本地堂）に授与所があり、それぞれ異なる御朱印を頒布している。
→P.42

赤の梵字がインパクト大

毎月15日縁日 限定御朱印

大猷院の御朱印。拝観受付と同じ場所でいただける

御朱印DATA
❀ 授与所：
5カ所の御朱印所
❀ 授与時間：
8:00～17:00
（11～3月は～16:00）
❀ 種類：11種類
❀ 裏加料：
300～500円

三仏堂の御朱印は、拝観券で中に入らないと授与されない

輪王寺の達筆にほれぼれ
お堂により種類もいろいろ

二荒山神社の御朱印は日光No.1！ ご利益と色で選んでみては？

幸運を招く

D 日光の原点　本宮神社　令和二年　月　日

日光 始まりの地

C 二荒山神社　令和二年　月　日

日光良い、縁めぐり

良い縁まつり

恋愛運がぐ〜んとアップ！

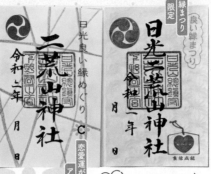

B 良い縁まつり　限定　日光二荒山神社　令和二年　月　日

食縁成就

良縁 お願いします！

A 大黒の印で縁を結ぶ

奉拝　二荒山神社　令和　年　月　日

だいこく

幸運を招く

H 健康の守護　日枝神社　二荒山神社 神苑内鎮座　令和二年　月　日

健康守護なら この御朱印を

G 聖なる刀、太郎丸の刀身入り　二荒山神社御神刀　太郎丸神社　令和　年　月　日　太郎丸

F 知恵の神　朋友神社　日光 二荒山神社末社　神苑内鎮座　令和二年　月　日

知恵を司る神様のパワーが

E 金運アップにご利益あり　幸運を招く　日光大国殿　令和二年　月　日

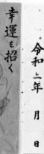

A 大黒の印にはあらゆる縁を結ぶ意味が込められている

B ハートの絵馬入りの御朱印は、良い縁まつりの期間中のみいただける

C 二荒山神社らしい良い縁めぐりの御朱印。こちらは通年頒布している

D 日光二荒山神社発祥の地である本宮神社の御朱印

E 小槌を持っていない大国様の御朱印。あらゆる運気をアップさせる

F 学力向上、合格祈願にご利益がある知恵の神様の御朱印

G 二荒山神社の御神刀である太郎丸の御朱印。クールで素敵

H 健康の神様に、身体健全を祈願。神苑にある日枝神社の御朱印

さまざまなご利益が得られる
日光二荒山神社
にっこうふたらさんじんじゃ

二荒山神社では境内社や周辺の神社までさまざまな御朱印をいただくことができ、その種類はなんと17種類！ご利益付きの御朱印をぜひ。
→P.40

しっかりと手書きしてお渡しします

※御朱印DATA

※授与所：境内授与所

※授与時間：
8:00〜16:30（11〜3月は9:00〜15:30）

※種類：17種類〜

※初穂料：500円〜

オリジナル御朱印帳
大谷川に架かる神橋の赤が際立つ御朱印帳（2000円）

日光二荒山神社中宮祠の限定御朱印

奥日光の中禅寺湖の湖畔にある日光二荒山神社中宮祠には、ここでしかいただくことができない御朱印が。2020年創建の華厳神社の御朱印は滝のイラスト入り。→P.74

日光の観光名所がイラストに！

日本三名瀑　華厳神社　令和　年　月　日

華厳ノ滝と絶壁に棲息する希少なイワツバメが描かれている

※ 日光東照宮、日光二荒山神社とも、オリジナル御朱印帳には通常の御朱印が付いてくる。

23

今市で見つけた花御朱印と花手水

花の御朱印が人気 季節により変わる

6〜7月に頒布のアジサイ

アジサイの絵柄は毎年変わるが6〜7月に頒布される

カラフルなダリアの御朱印

9〜10月に頒布されるダリア

本殿の前には薪を背負い読書する二宮金次郎像がある

二宮尊徳公を祀る学問の神社
報徳二宮神社
ほうとくにのみやじんじゃ

主祭神は、出世を叶える学問の神様、二宮尊徳。境内には季節の花が浮かぶ花手水があり、SNS映えは抜群。神社で手作りしているハンコで季節の花を押した御朱印が話題を呼んでいる。

🏠 日光市今市743 ☎0288-21-0138 🕘9:00〜17:00
🈳無休 💴参拝無料 🚃東武下今市駅から徒歩3分 🅿50台
今市 ▶MAP 別P.5E-3

御朱印DATA
※授与所：境内授与所
※授与時間：9:00〜17:00
※種類：常時5種類前後
※初穂料：500〜1000円

今市の町なかにあり、町歩きの途中に寄れる

花手水も季節替わり

夏なのに涼しげ

春にはバラなど

ひと足延ばして
鹿沼市にある天狗の社へ

日光市の隣にある鹿沼市には、全国でも有名な天狗の御朱印がいただける神社がある。ぜひ行ってみよう。

書き手によって変わる天狗の絵がユニーク
古峯神社
ふるみねじんじゃ

日光山内を開いた勝道上人が、男体山登山前に修行した古社。境内には至る所に天狗の像やお面があり、不思議なパワーに満ちている。

🏠 鹿沼市草久3027
☎0289-74-2111
🕘8:00〜17:00
🈳無休 💴参拝無料
🚃JR今市駅から車で35分
🅿300台
鹿沼市 ▶MAP 別P.4C-3

境内の隣には日本庭園の古峯園がある

天狗の御朱印は見開きの1種類だが、書き手により絵柄が異なる

シリアス系からかわいい系まで さまざまなバリエーションがある

御朱印DATA
※授与所：境内授与所
※授与時間：8:30〜16:00
※種類：書き手により変わる
※初穂料：800円

パワーをいただく

全国から御朱印ファンが訪れる。書き置きなら絵柄を選ぶことができる

日光
NIKKO

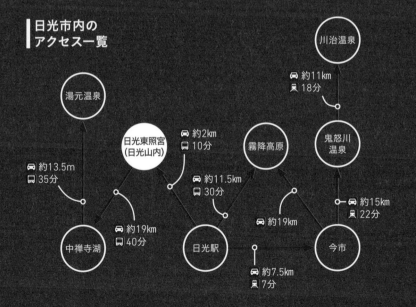

川治温泉

🚗 約11km
🚃 18分

湯元温泉

日光東照宮
(日光山内)

🚗 約2km
🚃 10分

霧降高原

鬼怒川
温泉

🚗 約13.5m
🚃 35分

🚗 約11.5km
🚃 30分

🚗 約19km
🚃 40分

🚗 約19km

🚗 約15km
🚃 22分

中禅寺湖

日光駅

今市

🚗 約7.5km
🚃 7分

関東有数のパワースポット
日光早わかり！
（にっこう）

関東で最も広い市町村である日光市には、日光東照宮のある日光山内のほか奥日光、霧降高原、鬼怒川温泉と見どころが満載。まずは各エリアの特徴を知って、どのように回るかを考えよう。

日光を巡る3つのコツ

① 日光山内は世界遺産めぐりバスが便利

日光山内を効率よく回るなら、世界遺産めぐりバスを利用しよう。JR・東武日光駅から出発し、日光山内を循環する。1回券のほか乗り放題のバスもある。
→P.154

② 奥日光へは車で約30分。バスでも行ける

華厳ノ滝や中禅寺湖のある奥日光は、日光市街から車で30分ほどかかる。東武バスの湯元温泉行きを利用して行くこともできる。途中、急坂のいろは坂を通る。
→P.154

③ ガイドの案内で日光東照宮を回る

「堂者引き」という、江戸時代から続く案内人に日光東照宮の現地ガイドをお願いすることができる。2時間の案内で8000円〜。日光二荒山神社や日光山輪王寺をお願いすることも可能。予約は電話で。

問い合わせ 日光殿堂案内協同組合
TEL 0288-54-0641

日光山内周辺 王道コース

所要 約8時間 日光山内、西町、市街を回る1日コース。東京から日帰りも可能。

START
JR・東武日光駅

日光観光の王道、日光東照宮へ

9:00
日光東照宮など二社一寺を回る
→P.28
→P.40
→P.42

NIKKO COFFEE

12:00
日光珈琲 御用邸通でランチ＆かき氷
→P.18
→P.68

レトロな古民家カフェで休憩タイム

14:00
日光田母沢御用邸記念公園を見学
→P.47

豪華な邸宅を見学しよう

15:00
門前町でおみやげ探し
→P.50

GOAL
JR・東武日光駅

みしまやの三猿人形焼

シェアサイクルを利用

● ダイチャリ

日光では、シェアサイクルサービスのダイチャリを利用可能。JR・東武日光駅、日光山内、西町エリアに十数カ所のサイクルステーションがあり、どこでも乗り捨てが自由。スマホで登録すればすぐに利用できる。支払いはクレジットカードのほか携帯電話会社のキャリア決済など。

電動自転車なので、楽に移動できる

ホームページ daichari.hellocycling.jp
料金 15分あたり200円、上限2000円で12時間まで使用可能

利用方法

① アプリをダウンロードし、会員登録

② アプリで借りたい場所のサイクルステーションを検索

③ 自転車を予約し、車両番号と暗証番号をチェック

④ 予約したサイクルステーションへ行き、車両番号を確認

⑤ 自転車についているモニターに暗証番号を入力し、解錠

⑥ 自転車に乗り、好きなステーションで返却

モビリティレンタル

mekke日光郷土センターでは、電動アシスト自転車（1日1500円）のレンタルを行っている。申し込みは専用のカウンターにて（ホームページから予約可能）。

mekke日光郷土センター
メッケにっこうきょうどセンター
🏠 日光市御幸町591
☎ 0288-25-5715
🕘 9:00〜17:00
🚫 無休
日光市街 ▶MAP 別 P.7D-2

二社一寺があるのはここ

1 日光山内
にっこうさんない

世界遺産となっている日光東照宮、日光二荒山神社、日光山輪王寺の二社一寺がある、日光観光のメインエリア。杉の木に囲まれた神域で、一日中参拝客が絶えない。飲食店は案外少ない。

縁結びにご利益のある日光二荒山神社

日光東照宮 →P.28
日光二荒山神社 →P.40
日光山輪王寺 →P.42

東照宮の門前町

2 日光市街
にっこうしがい

日光詣での門前町として栄えたエリアで、JR・東武日光駅から神橋までの通り沿いにはたくさんの飲食店が立ち並ぶ。湯波懐石から最新ビストロまで選択肢は豊富。テイクアウトグルメやおみやげも豊富。

日光を代表する老舗も多い

神橋 →P.14
門前町で食べる、買う →P.50

話題のニュースポット

3 西町
にしまち

近年、最新スポットとして注目を浴びているエリア。日光二荒山神社へ続く西参道の坂道下に開けた町で、2020年オープンの西参道茶屋をはじめ新しい店が次から次へとオープンしている。

最新グルメスポットの西参道茶屋

日光田母沢御用邸記念公園 →P.47
憾満ヶ淵 →P.47
西町さんぽ →P.56

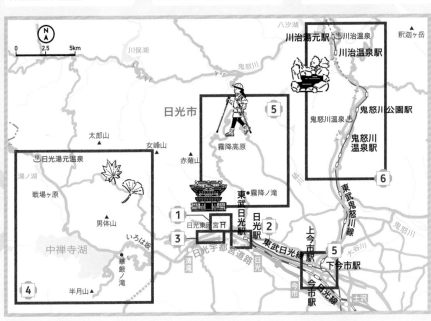

日光を代表する絶景の地

4 奥日光
おくにっこう

日光市街からいろは坂を越えた先が奥日光。中禅寺湖を中心に華厳ノ滝、竜頭ノ滝、湯滝の日光3滝や戦場ヶ原など大自然の絶景が連続。最奥は日光を代表する温泉地の湯元温泉。

明智平展望台から見た中禅寺湖と華厳ノ滝

華厳ノ滝 →P.73
中禅寺湖 →P.76
戦場ヶ原 →P.78

交通の要衝と高原リゾート

5 霧降高原・今市
きりふりこうげん・いまいち

日光市街の北に広がる高原リゾート。女峰山の東にそびえる赤薙山の斜面には、天空回廊で有名な日光霧降高原 キスゲ平園地がある。東にはかつて交通の要衝として栄えた今市がある。

夏にはニッコウキスゲの花が咲くキスゲ平園地

日光市霧降高原 キスゲ平園地 →P.82
霧降ノ滝 →P.84
今市さんぽ →P.86

鬼怒川沿いの温泉地

6 鬼怒川温泉・川治温泉
きぬがわおんせん・かわじおんせん

鬼怒川温泉は、今市から北、鬼怒川沿いに開けた温泉地。渓谷に沿って大小さまざまな温泉宿が点在する。そのさらに北にあるのが川治温泉。静かな温泉地を求めるならこちらへ。

渓谷沿いに大型の温泉宿が並ぶ鬼怒川温泉

鬼怒川ライン下り →P.89
温泉街さんぽ →P.90

TOURISM

ここから日光の旅がスタート！
日光東照宮のキホンを押さえる

江戸幕府を開いた徳川家康公を主祭神とする日光東照宮。境内にはさまざまな見どころがあり、絢爛豪華！まずはキホンを押さえておこう。

華麗な彫刻に彩られた関東屈指のパワースポット

鳥居には葵の絵がある

Check!
フォトジェニックポイント！
唐銅鳥居に陽明門がすっぽり入る眺めが見られる「北辰の道の起点」。

Check!
鳥居をくぐる前には一礼を
鳥居は、外界と神域を隔てる結界のようなもの。くぐる際には一礼を。

国宝陽明門をバックに立つ唐銅鳥居

日光最大の見どころ
日光東照宮
にっこうとうしょうぐう

徳川家康公を神として祀る、江戸幕府が造営した最大の東照宮。境内には55の建造物があり、うち8棟が国宝。「日光の社寺」としてユネスコの世界遺産に登録されている。

🏠 日光市山内2301　☎0288-54-0560　🕘9:00〜17:00（11〜3月は〜16:00）　🈺無休　💴拝観1300円　🚃JR・東武日光駅から世界遺産めぐりバスで10分、バス停「表参道」下車、徒歩5分　🚗有料200台
日光山内 ▶MAP 別 P.6B-1

季節の祭祀、イベントをチェック！
一年を通してさまざまな祭事がある。最も有名なものは5月17・18日と10月16・17日に行われる大祭。初日には神事流鏑馬が、2日目には鎧武者が供奉する神輿渡御祭、百物揃千人武者行列が行われる。

例年、紅葉シーズンにはライトアップが行われる

📋 **How to**

東照宮の回り方のコツ

大きく4つのエリアに分かれる
境内は広く、大きく4つのエリアに分けて考えるとわかりやすい。さっと回ると1時間、じっくり回るなら2時間は必要。

音声ガイドでより詳しく
表門から入ってすぐ、音声ガイドの貸し出しを行っているブースがある。建物や彫刻ごとに詳しい解説を聞くことができる。

御朱印、授与品について
授与所は表門横、神厩舎横、神楽殿横回廊、拝殿内、奥宮と計5カ所にあり、その場所でしかいただけないお守りも多い。御朱印は神楽殿横回廊、奥宮、本地堂でいただける。

絶対見るべき！

6つのポイントはココ

日光東照宮に数ある見どころの中でも、注目したい場所は以下の6カ所。神厩舎（三猿）、東回廊（眠り猫）、陽明門については、次ページから詳しく解説。

3 創造の象がある
三神庫
さんじんこ

表門を入るとすぐ目の前にある。右から下・中・上と3つの彫刻が並ぶ。「想像の象」の彫刻があるのはここ。
→P.35

2 壮麗な彫刻が見もの！
陽明門
ようめいもん

500以上の動植物の彫刻が施された、国宝の陽明門。2017年に平成の大修復を終え、かつてのきらびやかな姿がよみがえった。
→P.32

1 東照宮の心臓部
本社
ほんしゃ

東照宮の中心部分となる本社は、本殿、石の間、拝殿からなる。拝殿と石の間は拝観できるが、入口は唐門ではなく脇にある。左右に延びる透塀も見もの。→P.36

日光東照宮MAP

叶杉
奥宮宝塔
奥宮拝殿
4 奥宮

二荒山神社へ

ここも注目！
御水舎
おみずや
九州の鍋島家が奉納した花崗岩の水盤を使った御水舎。境内に独立した御水舎をつくったのは日光東照宮が初めてだという。

本地堂（鳴竜）
神奥舎
西回廊
1 本社
唐門
石階段
輪蔵
鼓楼
2 陽明門
神楽殿
祈祷殿
御水舎
東回廊
5 東回廊（眠り猫）
上新道
回転燈籠 鐘楼
神厩舎（三猿） 6
唐銅鳥居
上神庫
3 三神庫
中神庫
西浄
下神庫

拝観券売場
五重塔
表門

石鳥居

表参道

ここも注目！
回転燈籠
かいてんとうろう
オランダから奉納されたオランダ式の回転燈籠。上部をよく見ると徳川家の葵の紋が逆さまになっている。

ここも注目！
飛び越えの獅子
とびこえのしし
陽明門の手前にある石段を上がった左右の石柵にある唐獅子の彫刻。柵を勢いよく飛び越えたように見えることからこの名に。

6 神の馬をつなぐ場所
神厩舎（三猿）
しんきゅうしゃ

神に仕える神馬をつなぐ厩舎。かの三猿をはじめとした8枚の猿の彫刻が見られる。彫刻は建物の長押に彫られている。→P.30

5 奥宮への入口
東回廊（眠り猫）
ひがしかいろう

ニャー

本殿から奥宮へと行く回廊の上部に、眠り猫の彫像がある。意外に小さいので、見落とさないように注意しよう。→P.31

4 徳川家康が眠る
奥宮
おくみや

眠り猫のいる東回廊を抜け石階段を上った先。拝殿の奥、境内で最も高い場所に家康の墓である宝塔がある。→P.37

北辰とは北極星のことで、江戸から東照宮を通り北極星まで続く道の起点。多くのパワーが集まる場所とされる。

日光山内周辺

TOURISM

東照宮を代表する2大彫刻
三猿と眠り猫にフォーカス！

三猿

「見ざる、言わざる、聞かざる」で知られる三猿の彫刻は、猿の人生を振り返る絵巻の一部。誕生から親になるまでを全8枚の彫刻で表現しているのだ。人生の教訓が詰まったストーリーを一挙紹介。心して見るべし！

有名な彫像は人生の教訓になるお猿のストーリー

人生とは

📖 STORY_2
幼少期

これが有名な三猿。「悪い行いを見ない」、「悪いことに耳をかさない」、「他人の悪口を言わない」という3つの叡智を表している

📖 STORY_1

母子期

木々の中に佇む、母猿と子猿の姿が見える。母猿は手をかざし子どもの将来を案じ、子猿は安心した表情で母猿を見ている

📖 STORY_3

少年期

体もだいぶ成長し、思案顔で座り込んでいる。親から離れ独り立ちする直前で、自らの将来に思いを巡らしているとされる

📖 STORY_4

青年期

大きな志を胸に、天を見上げている青年期の猿。2頭の猿の右側に青い雲が彫られており、青雲の志を暗示しているという

📖 STORY_5

挫折

迷い悩み、失敗して挫折した場面を表現。傍らにいる友がなぐさめており、友人の大切さが伝わる。人生のターニングポイント

三猿の彫刻があるのはこの部分！

神厩舎の屋根の下、長押という部分に8枚の彫刻がある

📖 STORY_8

妊娠

妊娠してお腹が大きくなっている猿。やがて親になり、STORY_1へと戻る。今度は親として子どもを見守るようになるというわけ

📖 STORY_7

結婚

恋愛期を経て結婚した仲睦まじい2頭の猿が彫られている。人生のすばらしさとその先の将来について考えさせられるシーン

📖 STORY_6

恋愛

2頭の猿の彫刻で、恋を経験し、あれこれ思い悩む様子を表現している。恋愛の悩みを通して、より成長できることを伝えている

30

東照宮で最も有名な彫刻が、三猿と眠り猫。それぞれにまつわる逸話や言い伝えを、サクッとお勉強しよう。

☐ Who is

左甚五郎
（ひだりじん ご ろう）

江戸時代の初期に活躍したとされる彫刻家。彼の手によるとされる彫刻は全国にあるが、その制作年数が数百年になることから、実在に関しては今も諸説ある。

日本一有名な猫の彫刻を360度から眺める

ニャー

眠り猫

江戸時代の名工、左甚五郎の作とされる眠り猫の彫刻。タテ15cm、ヨコ20cmという小ささだが日光東照宮を代表する彫刻として国宝の一部を構成している。裏表を合わせて平和の象徴になっているとされる。

👀 **FRONT**
目を閉じ、ぐっすりと眠っている猫。実は寝ているフリで、薄目を開けているという説もある

👀 **SIDE**
横から見ると、足を少し浮かせているのがわかる。ここから寝ているフリをしていると解釈できる

👀 **BACK**
眠り猫の裏には竹林で遊ぶスズメが。猫のそばでスズメが遊ぶ様子で太平の世を表している

五重塔にある干支の彫刻に注目！

石鳥居をくぐると左にある五重塔の初層軒下には、十二支の彫刻があり、それぞれ方角を示す。初層の内部を公開している時ならすべての彫刻が見られる。

東面
初層公開時でなくても見られる東面。寅は徳川家康、卯は秀忠、辰は家光と徳川の三代将軍と同じ干支となっている。

辰

卯

寅

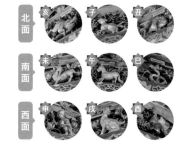

北面	亥	子	丑
南面	未	午	巳
西面	申	戌	酉

TOURISM

すべての彫刻には意味がある！
国宝・陽明門を徹底解剖

500を超える彫刻に彩られた陽明門は、日光東照宮最大の見どころ。
「すべての彫刻には意味がある」と言われる陽明門は、知れば知るほど
おもしろい！

金箔と500体もの彫像が彩る芸術品のような楼門

☑ What is

陽明門の見どころいろいろ

彫像は全部で508体

陽明門は、高さ11.1m、左右の長さ7m、奥行き4.4m。この中に508体の彫刻がひしめく。神獣のほか花鳥、植物などさまざまで、人物の彫刻はここと本社の唐門でしか見られない。

魔除けの門柱

柱にはグリ紋という渦巻状の紋が彫られている。入口を通り抜けた先にある1本はグリ紋が逆になっている。「満ちれば欠ける」という諺よりあえて逆にし魔除けとしたとされる。

1本だけ柱の紋が逆になっている

東西回廊前

陽明門の左右に延びる全長220mの東西回廊。彫刻は3層に分かれ、上層の長押に雲、中層の腰羽目に花鳥や霊獣、下層の腰羽目部分に水鳥が彫られている。

通路天井

出入口を入る際は、天井に注目。昇り龍、降り龍の一対の天井画があり、昇り龍は「八方睨みの龍」、降り龍が「四方睨みの龍」とも呼ばれる。早熟の天才絵師こと狩野探幽の作。

鬼瓦
（おにがわら）

入母屋造りの門の正面、唐破風の上に載った金箔押しの鬼瓦。鬼というよりは獅子のようにも見える。周囲を睥睨し魔除けとしての役割を担っている。

破風
（はふ）

屋根の左右が反り上がり、中央が盛り上がった唐破風になっている。破風の下には青地に金文字で東照大権現と掲げられ、左右には一対の麒麟の彫刻が見られる。

軒下上層

破風の軒下は上下2層に分かれており、四方を龍などの霊獣が支え、中央には白い「目貫きの龍」の彫像がある。下部には「唐子（中国の子ども）遊び」と呼ばれる20の彫刻が並ぶ。

中央の白い龍が「目貫きの龍」。上は龍と息

人生訓を表しています

平和への願いを込めた唐子遊びの彫刻

軒下下層

下部軒下で門を支えているのは、唐獅子の彫刻。木を複雑に組み合わせた斗栱組みの下には中国の故事や伝説にちなんだ22の人物彫刻がある。

中国の故事や伝説がモチーフ

楼門

楼門は間口が3つの間に分かれ、中央に出入口がある三間一戸で、左右の間には武将の随身像がある。武将の着物にある家紋が織田信長の木瓜や明智光秀の桔梗に似ている。

TOURISM

世界遺産をじっくりと回る
東照宮2時間参拝コースへ

日光東照宮をじっくり回る2時間モデルルートへご案内。きらびやかな装飾の数々は、目がくらむほどの美しさ。ちょっとマニアックなトリビアもチェック!

AREA
01
参道から表門

石鳥居を抜けた先の広場を中心としたゾーン。拝観料がかからないエリアで、表門を抜けた先から有料に。

① 表参道
おもてさんどう

神橋から森を抜け、日光山輪王寺の横を通り東照宮へと続く表参道。神聖な空気に満ちあふれる。一日中参拝客の姿が絶えずにぎやか。

遠近法で壮大さを演出!
うんちく
石段は上に行くほど幅が狭い。遠近法で実際よりも長く見せているのだ。

ここへ
日光東照宮

徳川家の葵の紋がある東照宮の社号標が立つ

② 石鳥居
いしどりい

高さ9m、柱の太さ3.6mの石鳥居で、江戸時代に造られた石の鳥居としては日本最大。「東照大権現」の額は後水尾天皇の筆によるもので、畳一畳ほどの大きさがある。

重文

京都の八坂神社、鎌倉の鶴岡八幡宮と並ぶ日本三大石鳥居の一つ

③ 五重塔
ごじゅうのとう

杉の木立の中にそびえる、高さ36mの五重塔。内部は吹き抜けになっており、4層部分から中央に心柱という柱が吊り下げられている。初層の周囲には方角を示す十二支の彫刻がある。

→P.31

贈り主は大名黒田長政
うんちく
元和4 (1618) 年に、福岡藩主の黒田長政により奉納された。

重文

神社としては珍しい五重塔

緑の中に立つ朱色の塔 華麗な彫刻も見られる

文政元 (1818) 年の建立

④ 表門
おもてもん

五重塔前の広場から階段を上った先にある朱塗りの門。三間一戸の両脇に仁王像が鎮座することから仁王門とも呼ばれる。上部や側面に82の彫刻が彫られている。

重文

門の下に拝観券売場がある

ヒョウのような斑点模様はメスの虎

家康にちなんだ一対の虎
うんちく
軒下に家康公の干支である一対の虎の彫像がある。間口の上には斑点模様の虎も。

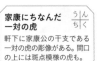

参拝客を睥睨

門の左右に高さ約4mの阿吽の仁王像がある

ここからは有料ゾーン。表門を入って正面が三神庫。向かいに神厩舎がある。唐銅鳥居をくぐりさらに奥へ。

⑥ 神厩舎（三猿）

神様に仕える神馬をつなぎ止めておく場所。釘を使わずに建てられた素木造りで、建物の長押の部分と側面に有名な三猿をはじめとした8枚の猿の彫刻がある。

→P.30

重文

三猿の彫刻は要チェック！

建物の上部に三猿がある

⑧ 輪蔵

唐銅鳥居の横にある方形造の建物。経典を収納するための蔵で、経蔵とも呼ばれる。内部には書を納める八角形の回転式書架（輪蔵）がある。内部は非公開。

重文

ひと際カラフルな軒下

wow!

⑤ 三神庫

重文

上・中・下の三庫からなる校倉造を模した建物。内部には春秋の渡御祭で使われる装束などが収蔵されている。上神庫の軒下には実物を見ずに描いた「想像の象」の彫刻がある。

3つの蔵が連なる三神庫
想像の象の彫刻は必見だ

「想像の象」が彫られた上神庫

神様のトイレ 西浄

うんちく

三神庫の脇には、西浄という小さな建物がある。実はこれ、神様専用のトイレなのだ。

想像の象は立体彫られてます

実物の象とはだいぶ違う「想像の象」

⑦ 唐銅鳥居

徳川家光公により造られた、日本初の青銅の鳥居。高さは6mあり、柱の足元には神社にしては珍しい蓮の花が刻まれている。

重文

人気の記念撮影スポット

亀のような形の兜石

うんちく

境内の至る所にある亀のような兜石。石の下には祭礼時に使う幡を立てる穴がある。

⑨ 本地堂（鳴竜）

東照宮の中にあるが、薬師如来を本尊とするお堂で輪王寺の管轄となっている。乱世を治めた家康公が薬師如来の生まれ変わりと信じられたという。

拍子木を打つと不思議に共鳴

うんちく

堂内の天井に描かれているのが、「鳴竜」。下で拍子木を鳴らすと共鳴し、鈴のような鳴き声が響く。

重文

最後に行ってもいい

AREA 03

陽明門～本社

回転燈籠の横を通り階段を上ると、陽明門。門をくぐると本殿の唐門が現れる。境内で最も美しい建物が並ぶエリア。

⑪ 本社
ほんしゃ

東照宮の中心となる権現造の建物。正面には正門である唐門が、その奥には拝殿、石の間、本殿がある。唐門の左右から総延長160mの透塀が延び、全体を囲んでいる。内部を拝観することもできる。

⑩ 陽明門
ようめいもん

東照宮のシンボル的存在。江戸時代の工芸・装飾技術の粋を結集させて造られた、世紀の名建築。その見事さから、一日中見ていても飽きない「日暮の門」とも呼ばれる。

日光東照宮を代表する建物

→P.32

500体以上の彫刻が彩る神獣たちのワンダーランド

国宝

こちらも国宝です

鳳凰や孔雀など鳥類の彫刻が多い

左右に延びる東西回廊も国宝
うんちく

陽明門から延びる東西回廊の南面に巨大な彫刻がある。門と並びこちらも国宝。

国宝

平和への願いを込めた舜帝朝見の儀

宮を守る霊獣、羔（よう）

左右にある昇り龍と降り龍

唐門　唐破風をもつ門。通常は通ることができない。貝殻を原料とする胡粉で塗られている

お参りはここで。拝殿入口は脇にある

⑫ 神輿舎
しんよしゃ

3基の神輿を収蔵する神輿舎。中央にある葵の紋入りの神輿が主祭神である徳川家康公、左右は配祀神の豊臣秀吉公と源頼朝卿の神輿だ。天女の天井画も見事。

天女のささやき
うんちく

天井画は、「天女奏楽の図」絵の下で柏手を打つと反響しささやくような声が聞こえる。

日本一の美女と言われる天井画「天女奏楽の図」

⑬ 神楽殿
かぐらでん

春秋の例大祭で、八乙女という巫女による神楽が奉納される場所。正面向かって右側の壁には菊、桔梗、芙蓉をあしらった花かごのレリーフがある。

重文

重文
日光東照宮では珍しい純和風建築

眠り猫のある回廊の先、杉林に囲まれた階段を上った先が日光東照宮の奥宮。奥には家康の墓である宝塔がある。

【国宝】

⑭ 東回廊（眠り猫）

ひがしかいろう

神楽殿の横を抜けると、眠り猫のいる東回廊。江戸時代の名工・左甚五郎の作とされる、日本で最も有名な猫の彫刻だ。下をくぐった先には坂下門があり、奥宮へと続く。

→P.31

頭上にあるので見落とさないように

石の階段を一歩一歩上り
東照宮一の聖域へと近づく

【国宝】

さわやか

⑮ 石階段

いしかいだん

坂下門から奥宮へと続く207段の階段。家康公の眠る奥宮へと続く参道であり、東照宮境内でも指折りのパワースポットとして知られている。

一枚岩から切り出した

うんちく

石段は踏み石の一段一段が一枚の岩から切り出されている。霜で浮き上がらないようにするための工夫とされる。

木々と苔に覆われ神聖な空気

⑯ 奥宮拝殿

おくみやはいでん

真鍮や銅板で囲った黒い外観をした奥宮の拝殿。重厚な外観とはうらはらに、内部は金箔の柱や鳳凰の彫刻がありきらびやか。向かいには眠り猫のお守りなどを扱う奥宮の授与所がある。

ここでもお参りができる

⑱ 叶杉

かのうすぎ

奥宮宝塔の脇にそびえる叶杉。木の前にある祠に祈ればお願い事を叶えてくれるとされる御神木。樹齢は600年とされ、内部は空洞、上部は伐採されている。

⑰ 奥宮宝塔

おくみやほうとう

奥宮拝殿の奥には柱や梁などを一つの鋳型で造った鋳抜門があり、そのさらに奥が家康公の眠る奥宮宝塔。前に置かれた鶴のロウソク立てや香炉、花瓶などの三具足が置かれている。

奥宮拝殿から宝塔へと続く途中にある鋳抜門

【重文】

金、銀、銅の合金で造られている

建立以来開かずの宝塔

うんちく

宝塔の地下には家康公の神柩が納められており、建立以来一度も開けられていない。

好きなお願い事をしてみよう

日光

👁 TOURISM

🍴 EAT

🛒 SHOPPING

🎵 PLAY

🚶 WALK

眠り猫や叶杉のお守りは奥宮限定。ほかでは授与されていない。

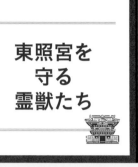

東照宮を守る霊獣たち

空想から実在まで5000以上の彫刻がある

日光東照宮を彩る彫刻には人物、動物、花鳥、植物などさまざまなモチーフがある。なかでも想像上の動物は「霊獣」と呼ばれる伝説的な存在で、特別な力をもち神社を守る象徴として信仰されてきた。

境内の至る所に彫刻があるが、人物の彫刻は唐門と陽明門にしかなく、唐獅子は陽明門に集中しているなど、なんらかの法則のもとに場所が決められているというが、詳しいことはわかっていない。

日光東照宮には、彫刻や絵画まで合わせて全部で30種類の霊獣がいるとされている。ここでは、龍、麒麟、鳳凰、神亀の四大霊獣をはじめとした、神社を守る霊獣たちをカタログにしてご紹介。事前に学んでおけば、東照宮見学がもっと楽しくなること間違いなし。

三神庫にある想像の象

四大霊獣

古代中国において、動物の長と考えられた四霊獣。別名「瑞獣」といい、めでたいという意味をもつ「瑞」の文字を冠することから吉祥を呼ぶとされてきた。

神社の守り神

龍

胴体が蛇やトカゲ、頭が恐竜のような形をした伝説上の動物。中国から伝来したと伝わるが、日本にも同じような信仰があったとされる。日光東照宮では、さまざまな形をした龍が見られる。

巨大な牙や長いヒゲ
蛇のような長い胴体にウロコ
@陽明門

龍のバリエーション

龍馬

胴体は白でよく目立つ
足元が馬の蹄に

@陽明門

唯一、陽明門でのみ見られるのが龍馬。一見するとほかの龍と見分けがつかないが、大きく異なるのが足。爪ではなく馬の蹄が付いている。陽明門に全8体ある。

飛龍

足が鳥のよう
腕のかわりに翼

@御水舎

大きな翼をはためかせている飛龍。御水舎の軒下で見られる飛龍は2体が対になっており、1体が上を向いた昇り龍、1体が下を向いた降り龍。

息（そく）

上向きの鼻孔
龍のようだがヒゲがない

@陽明門

陽明門の軒下上層、2体の龍が縦2段に並んだ下のもの。江戸時代にまとめられた『宝暦結構書』には「息」との記述が。「いき」なのか「そく」なのか、正しい読み方は不明。

平和をもたらす
麒麟
（きりん）

獣類の頂点に立つ存在で、太平の世を象徴する霊獣。牛や鹿、狼など複数の獣の特徴をもつ。家康公が好んだ霊獣とされ、陽明門の破風下には2体の麒麟の彫刻が見られる。

顔は狼で、角あり

体は馬や鹿、牛など

@陽明門

愛と幸せを呼ぶ
鳳凰
（ほうおう）

鳥類の長で、鶴や孔雀などの特徴を併せもち、赤や青、金など5色の色彩をしている。優れた君主が登場し、太平の世の中が訪れる前兆として現れるとされる。

長く優雅な尾

きらびやかな玉色の体

@東回廊

不老長寿の象徴
神亀
（しんき）

水を象徴する霊獣で、亀や甲殻類の長。平和や長寿の象徴として信仰されている。本地堂手前の鼓楼には、水流とともに神亀の彫刻が彫られているのが見つけられる。

硬い甲羅

水を象徴している

@鼓楼

架空の動物

いくつかの動物の特徴を兼ね備えた、伝説上の動物たち。どの霊獣にも意味がある。

幸せを運ぶ神鳥
鸞鳥
（らんちょう）

鳳凰とよく似た鳥類の霊獣だが、赤ベースの鳳凰に対して、鸞は青が基調。優れた君主がこの世を太平に導いたあとに現れる。鳳凰が年をとると鸞になるという説も。

色は青がベース

鳳凰によく似ている

@東回廊

天からの助言を与える
白沢
（はくたく）

拝殿内部の板戸に描かれている白沢。人の言葉を話すことができ、あらゆる事物に精通する知識の象徴だ。為政者に助言するためにこの世に現れると言われる。

顔は人のようで、角がある

体は四本足の獣

@拝殿

蜃気楼を創り出す
蜃
（しん）

奥宮にある鋳抜門の脇で目を光らせているのが、空想の動物である蜃。蜃気楼の蜃の意味で、「ツバメを食べて"気"を吐き、楼台城郭を描き出す」と伝えられる。

龍の一種とも

口から"気"を吐く

@奥宮

実在する動物

実際にいる動物がモチーフだが、現物を見ずに描いたり、本物とはモチーフが違ったりして姿が微妙に異なる。

実物とはちょっと違う
象

三神庫にある想像の象は、三猿や眠り猫と並ぶ有名な彫刻だ。下絵を担当した狩野探幽が実物を見ずに描いたため、耳の付き方やしっぽの形などが異なっている。

鼻の長さは象そのもの

しっぽの形が違う

@三神庫

悪夢を食べる
獏
（ばく）

象のように鼻が長いが、耳が小さいので獏。悪夢を食べる霊獣。本殿周辺に集中するが、回転燈籠では銅製の獏も見られる。動物のバクと姿が似ているがモデルにしたわけではない。

耳は小さい

長い鼻と牙

@祈祷殿

インドライオンがモチーフ
獅子

狛犬と一対となって門を守る霊獣。狛犬とは姿形もよく似ているが、一般的に角があるのが狛犬、ないのが唐獅子。陽明門の唐獅子は一対どちらも獅子という珍しいもの。

勇壮なタテガミ

頭に角がない

@陽明門

日光

TOURISM

EAT

SHOPPING

PLAY

WALK

上記の場所は、あくまでも一例。さまざまなところに同じ霊獣がいるので探してみて。

TOURISM

縁結びのほかオールマイティなご利益あり！
二荒山神社で最強運を授かる

二荒山の神を祀る
日光随一の聖地

運気上昇スポットが満載！
日光二荒山神社
にっこうふたらさんじんじゃ

二荒山（男体山）の神を祀る神社で、天応2（782）年の創建。縁結びの神様だが、ほかにもいろいろなご利益がいただける。拝観無料の境内と有料ゾーンの神苑がある。

🏠 日光市山内2307　☎0288-54-0535　⏰8:00〜16:30（11〜3月は9:00〜15:30）　㊡無休　㊍参拝無料（神苑300円）　🚃JR・東武日光駅から世界遺産めぐりバスで15分、バス停「大猷院・二荒山神社前」下車、徒歩すぐ　🚗有料50台　【日光山内】　▶MAP 別 P.6B-1

日光東照宮から上新道を通って先にある朱色の楼門

無料ゾーン

境内でお参り

拝殿と本殿を中心とした境内。東と南に2つの門があり、楼門は日光東照宮、神門は西参道から続く。まずは拝殿でお参りをして、御神木や授与所へ寄ってみよう。

良い縁まつりでご利益UP

神社では、9月中旬から11月下旬にかけて、良い縁まつりを開催。拝殿前で笹の輪くぐりや笹の輪結び札など良縁を呼ぶ祭事が行われる。期間中限定のお守りや御朱印もある。

3回くぐって良縁を願う笹の輪くぐり

SPOT 01 拝殿

元和5（1619）年、徳川2代将軍・秀忠により造営された拝殿。入母屋造の拝殿の後ろに八棟造の本殿がある。

SPOT 02 夫婦杉

授与所のすぐ横にあるのが夫婦杉。一つの根から2本の幹が伸びており、夫婦円満の象徴として人気のパワースポットとなっている。

SPOT 03 縁結びの御神木

西参道から大鳥居を抜けてすぐ脇。杉の木の幹の途中から楢の木が伸びている。すぎ（き）なら一緒に！ということで御神木になった。

日光東照宮のお隣にある日光二荒山神社は、縁結びにご利益のある神様が祀られている。拝殿でお参りしたあとは、パワスポ盛りだくさんの神苑を回って、ご利益もいただこう。

What is

二荒山大神
ふたらやまのおおかみ

日光周辺の三山に宿る神々の総称。男体山の大己貴命、女峰山の田心姫命、太郎山の味耜高彦根命のこと。恋愛のほか、人脈、仕事などさまざまな事柄との縁を取りなしてくれる。

男体山の山頂にある二荒山大神の像

有料ゾーン

神苑を回る

拝殿のすぐ横から入ることができる神苑は、境内社やパワースポットが集まった「ご利益テーマパーク」！しかも、おもしろい仕掛けで楽しく参拝できる。ここからは有料エリア。

金運 UP！

主祭神の大国様

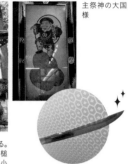

神社所蔵の刀剣、太郎丸

1 大国殿
だいこくでん

七福神の1人である大国様を祀る。大国様の絵があるが、打ち出の小槌を持っていない。前に置いてある小槌を参拝客が振ってお参りするのだ。

恋愛運 UP！

小さな社殿なので見逃さないように

2 縁結びの笹
えんむすびのささ

御神木の脇にある鳥居をくぐった先。縁結びにご利益のある瀧尾神社の別宮で、境内でいただける短冊に良縁の願い事を書き、結びつけてお参りする。

圧倒的なパワーを感じる

総合運 UP！

3 二荒霊泉
ふたられいせん

若返り、眼病治癒、おいしい酒が造られるという3つの効果がある霊泉。その場で飲むことができるほか、お水取り（有料）もできる。

健康運 UP！

生大福付きで 700円

近くの茶店では霊泉の水を使った抹茶や甘酒も味わえる

アンチエイジングのご利益あり

4 高天原
たかまがはら

日光二荒山神社内最強のパワースポット。神々が降臨する神域であり、周囲をしめ縄で囲まれている。中には入らず周囲でお祈りを。

良縁運 UP！

5 日光連山遥拝所
にっこうれんざんようはいじょ

二荒山大神のおわす男体山山頂を模した遥拝所。男体山山頂へ行けない人がここで簡易的にお参りをすることができる。

日光連山遥拝所 あずまや 大国殿 二荒霊泉 朋友神社 御神木 縁結びの笹 神輿舎 高天原 本殿 日枝神社 渡殿 神楽殿 拝殿 手水舎 社務所 神苑エリア（有料） 夫婦杉 神門 授与所 縁結びの御神木 二ノ鳥居 大鳥居 楼門

男体山山頂と同じ刀剣のレプリカが刺さっている

TOURISM

世界遺産の二社一寺の一つ

輪王寺の仏様が尊い!

凛々しい仏像や夜叉が守る楼門が素敵な日光山輪王寺。
知るほどに奥深い仏教ワールドに深入りしてみてはいかが?

さんぶつどう
三仏堂

日光山の大本堂。山岳信仰に基づき、男体山（千手観音）、女峰山（阿弥陀如来）、太郎山（馬頭観音）の三仏を祀る、本尊はお堂の中央に鎮座し、周りにもさまざまな御尊像がある。

千手観音菩薩坐像

馬頭観音菩薩坐像

阿弥陀如来坐像

堂の中央に鎮座する三体の御本尊に祈りを捧げる

高さ約7.5mの三御本尊。いずれも金色をした寄木造り

三仏堂の向かいにある日本庭園、逍遥園。宝物殿も併設している

三仏堂の正面に置かれた常香炉。香炉を支えているのは天邪鬼

三仏堂の前にある金剛桜は、国の天然記念物になっている

日光山内最大の木造建築
日光山輪王寺
にっこうざんりんのうじ

日光山内にある堂塔、支院の総称。勝道上人が天平神護2（766）年に建立した四本龍寺を起源とし、以降山岳信仰の場として栄えた。いくつかのお堂が参拝でき、メインは三仏堂と家光公の廟所である大猷院。

🏠 日光市山内2300 ☎0288-54-0531 ⏰8:00
〜17:00（11〜3月は〜16:00、受付は30分前まで）⑱無休 ㊛三仏堂拝観400円、宝物殿・逍遥園入場300円（大猷院との合同券あり、900円）⑬JR・東武日光駅から世界遺産めぐりバスで10分、バス停「表参道」下車、徒歩5分 🚗有料100台

日光山内 ▶MAP 別P.6B-2

大護摩堂で護摩祈願＆写経体験

三仏堂の裏手にある大護摩堂は、五大明王を本尊とするお堂。毎日の護摩祈願と写経体験を行っている。2年半をかけて完成した「大昇竜」の天井画も見事。

お経を書き写し邪念を払う写経。276文字の般若心経を写す

護摩祈願

時間 7:30、9:30、11:00、12:30、14:00

料金 祈願料3000円〜

写経体験

時間 9:00〜15:00（11〜3月は〜14:00）（所要30分〜1時間30分）

料金 納経料1000円

42

輪王寺 見学のコツ

三仏堂と大猷院、見どころは大きく2つ

「輪王寺」という一つの建物があるのではなく、お堂や院の総称。建物は日光山内に点在しており、最大の見どころである三仏堂と大猷院は徒歩10分ほど離れている。

三仏堂の周辺にも見どころあり

三仏堂の周辺には、宝物殿や逍遥園、大護摩堂、黒門などの見どころが点在。逍遥園は秋の紅葉時期にはライトアップされる。ライトアップ時の入園料は500円。

輪王寺券でお得に

拝観料が必要となるのは、三仏堂、宝物殿、逍遥園、大猷院の4カ所。うち宝物殿と逍遥園は共通。すべてを回るなら、輪王寺券を購入したほうがよい。

大猷院 たいゆういん

大猷院とは、家光公が死後に賜った諡名（おくりな）。拝殿までは仁王門、二天門、夜叉門、唐門の四門を通る。華麗な彫刻が施され、見応え十分。

仁王門 におうもん

最初にくぐる門。阿吽、2体の仁王像が門を護っている

唐門 からもん

拝殿の手前にある唐門。高さ3mだが、細工や彫刻は最も繊細

日光山内で最大の門

二天門 にてんもん

承応2(1653)年に創建された。高さ11.6m、幅9.6m。持国天、増長天、雷神、風神の4尊が祀られている

夜叉門 やしゃもん

3番目の門。4体の夜叉を祀る。牡丹唐草の彫刻が多く「牡丹門」とも呼ばれる

門を守る4体の夜叉像

犍陀羅 けんだら

夜叉とは古代インドの鬼神。

烏摩勒伽 うまろきゃ

手には破魔矢の発祥となった金の弓矢を持ち、膝はゾウ（膝小僧の語源）。

毘陀羅 びだら

仏教における四夜叉のうちの一つ。

阿跋摩羅 あばつまら

緑色をした夜叉が阿跋摩羅。

国宝に指定されてます

140の竜の天井画や唐獅子の壁絵が見られる拝殿

夜叉に守られる家光公の廟所

日光山輪王寺大猷院

にっこうざんりんのうじたいゆういん

日光二荒山神社に隣接する大猷院は、徳川3代将軍・家光公の廟所。「死後も東照大権現のそばにお仕えする」という遺言に基づき造営された。4つの門ときらびやかな拝殿が見どころ。家光公のお墓は非公開となっている。

🏠 日光市山内2300 ☎0288-54-0531 🕐8:00
〜17:00（11〜3月は〜16:00、受付は30分前まで） 🈚無休 🈯大猷院拝観550円（三仏堂との共通拝観券あり、900円） 🚃JR・東武日光駅から世界遺産めぐりバスで15分、バス停「大猷院・二荒山神社前」下車、徒歩すぐ 🚗なし

日光山内 ▶MAP 別P.6B-1

🚶 家光公の廟所である奥の院の入口が、皇嘉門。この門の先が非公開ゾーン。

日光の神社で見つけた
かわいい授与品コレクション

祭神たちの力を閉じ込めた授与品は、持ち歩くだけでご利益のあるスペシャルアイテム！
日光にある4つの神社で見つけた、見た目もGoodな授与品を集めよう。

日光東照宮

境内には計5カ所の授与所があり、一部の授与品はいただける場所が限られている。特に奥宮限定の眠り猫の絵馬や叶杉のお守りは、忘れると階段を上り直さなくてはならなくなる。
→P.28

〈 内番所限定 〉

健康　厄除け

交通安全　学業

ウキーッ

〈 拝殿限定 〉

諸願成就

B

〈 奥宮限定 〉

諸願成就

C

交通安全

招福

D

〈 奥宮限定 〉

心願成就

魔除け

E

オリジナルを忠実に再現

〈 奥宮限定 〉

F

A 見ざる、言わざる、聞かざるの三猿お守り（各800円）

B 白檀の香りがする御香守り。拝殿を参拝した人にのみ授与される（各500円）

C 奥宮にあるパワスポ、叶杉にちなんだ諸願が叶う杉守（800円）

D 国宝「陽明門」平成の大修理完成記念特別お守り（800円）

E 鈴の音により魔を避けるという叶鈴守（各800円）。眠り猫付きでかわいい。

F 国宝眠猫絵馬。持ち帰って、神棚や玄関などにお祀りする（800円）

日光二荒山神社

縁結びの神様を祀る日光二荒山神社には、女性にうれしいご利益のある授与品が多く、デザインもかわいい。授与所は境内に1カ所。 **→P.40**

美容

恋愛

勝運

縁結び

ハートマークが描かれた良縁板（500円）。願い事を書いて境内の絵馬掛へ

女性にうれしい2つのご利益がある日光美人愛情御守（1000円）

二荒山神社中宮祠の御神木、いちいのパワーを閉じ込めた中宮祠のいちいの勝守（800円）

日光二荒山神社中宮祠

中禅寺湖畔の中宮祠。ここでしか授与されない限定のお守りが数点あり、なかでも湖と男体山のお守りとマスおみくじは見た目もGood。 **→P.74**

心願成就

上下2色でかわいい～♪

釣り竿で釣り上げます

＜ 中宮祠限定 ＞

中禅寺湖と男体山が刺繍されたお守り（700円）

ニジマスやレイクトラウトなど中禅寺湖に棲む4種の魚の願い叶えますみくじ（500円）

報徳二宮神社

今市の報徳二宮神社で見つけたのは、水に浮かべると文字が出るおみくじ。生き物の形をしたみくじや、学業にご利益のあるお守りも人気。 **→P.24**

花手水に浮かべてね

中におみくじが入っているよ

水につけると文字が浮かび上がる神水幸せおみくじ（300円）

鳩みくじのほか猫みくじ、干支みくじがあり、どれもとってもかわいい（400円）

TOURISM

まだまだ知られざるパワースポットがここに！
とっておきの聖なる道を歩く

ROUTE_01

滝尾の路
たきのおみち

日光山内
▶ MAP 別 P.6B-1

日光東照宮を出発し、日光二荒山神社の別宮である滝尾神社を目指す。途中、滝尾古道という日光開山より古いという歩道を歩く。

GOAL! 滝尾神社 ④
日光山輪王寺 大猷院 卍　白糸の滝 ③
上新道　④ 滝尾古道 ②
卍日光二荒山神社 START!
① 卍日光東照宮
0　　300m

いざ、日光の聖地へ

二社一寺のさらに奥へ
古道の先の秘密の神社

④ 滝尾神社
深い森の中。本社と同じく縁結びの神様を祀る

② 滝尾古道
石畳の古道。途中いくつかの神社やお堂がある

① 上新道
東照宮から二荒山神社へ続く、神々が行き交う道

③ 白糸の滝
ゴール間近。滝を見ながらひと休みしよう

④ 滝尾神社
女神伝説のある影向石。ほかにもパワスポあり

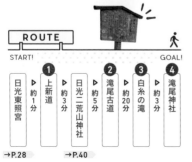

ROUTE
START!　　　　　　　　　　　GOAL!

日光東照宮 → 約1分 → ① 上新道 → 約3分 → 日光二荒山神社 → 約5分 → ② 滝尾古道 → 約20分 → ③ 白糸の滝 → 約3分 → ④ 滝尾神社

→P.28　　　　→P.40

森の中にひっそりと流れる
③ 白糸の滝
しらいとのたき

滝尾神社のそばにある小さな滝。古くは修行の場でもあり、知る人ぞ知るパワースポットとなっている。

🏠 日光市山内　☎0288-22-1525（日光市観光協会）　⏱散策自由　🚌JR・東武日光駅から世界遺産めぐり循環バスで15分、バス停「大猷院・二荒山神社前」下車、徒歩30分　🅿滝尾神社駐車場利用

日光山内　▶ MAP 別 P.6A-1

日光二荒山神社の別宮
④ 滝尾神社
たきのおじんじゃ

日光で最も聖なる場所と呼ばれる場所に鎮座している。運試しの鳥居や子種石など開運スポットがたくさん。

🏠 日光市山内　☎0288-54-0535（日光二荒山神社）　⏱参拝自由　🚌JR・東武日光駅から世界遺産めぐり循環バスで15分、バス停「大猷院・二荒山神社前」下車、徒歩30分　🅿10台

日光山内　▶ MAP 別 P.6A-1

二社一寺以外にも、日光にはさまざまなパワースポットがある。最近話題なのが、2つの古道。どちらも二社一寺ゆかりの聖地へと続く道で、不思議なパワーに満ちている。

How to

聖なる道の歩き方

特にシーズンオフの場合、どちらの道も人通りが少ないので、数人で行くとベター。途中には寺やお堂もあるので、いくつか立ち寄りながら行くのも楽しい。

ROUTE_02

憾満の路（かんまんのみち）

西町
▶MAP 別 P.6B-2

西参道から西町を通り、大谷川沿いの渓谷を歩く。目的地は、弘法大師ゆかりの憾満ヶ淵。途中、日光の歴史スポットへ立ち寄り。

日光二荒山神社
日光東照宮
西参道
START!
日光山輪王寺
金谷ホテル歴史館
日光田母沢御用邸記念公園
GOAL!
憾満ヶ淵
日光植物園
大谷川
0
300m

無数の地蔵が並ぶ
裏日光のパワースポット
③ 憾満ヶ淵 渓谷に沿った道に70体あまりの地蔵が並ぶ

② 日光田母沢御用邸記念公園 唐破風の御車寄。明治22(1889)年に造営。明治32(1899)年に移築

② 日光田母沢御用邸記念公園 細部にまで装飾が施され、ため息がこぼれる

① 金谷ホテル歴史館 ガイド付きで内部を見学できる

② 日光田母沢御用邸記念公園 狩野派や幕府御用絵師による見事な襖絵

③ 憾満ヶ淵 激しい流れで岩壁が削れ現在の景観になった

ROUTE

START! 日光二荒山神社 ▶約10分 ① 金谷ホテル歴史館 ▶約5分 ② 日光田母沢御用邸記念公園 ▶約15分 ③ 憾満ヶ淵 GOAL!

→P.40

老舗ホテル発祥の地

① 金谷ホテル歴史館

かなやホテルれきしかん

金谷ホテルの前身、金谷侍屋敷を公開する資料館。2階には『日本奥地紀行』で知られるイザベラ・バードが宿泊した部屋もある。

日光市本町1-25 ☎0288-50-1873 営9:30～17:00（12～3月は10:00～16:00、最終入館は30分前まで） 休無休（不定休あり） 料入館550円 交JR・東武日光駅から東武バスで10分、バス停「金谷ホテル歴史館」下車、徒歩すぐ 🚗18台

西町 ▶MAP 別 P.6A-2

大正天皇の夏の静養地

② 日光田母沢御用邸記念公園

にっこうたもざわごようていきねんこうえん

明治32(1899)年に、当時皇太子だった大正天皇のご静養地として造営。3階建ての建物はもちろん、庭園も見もの。

日光市本町8-27 ☎0288-53-6767 営9:00～17:00、最終入園～16:00（11～3月は～16:30、最終入園～15:45） 休火曜（祝日の場合は翌日） 料入園600円 交JR・東武日光駅から東武バスで12分、バス停「日光田母沢御用邸記念公園」下車、徒歩すぐ 🚗有料113台

西町 ▶MAP 別 P.6A-2

大谷川にある小渓谷

③ 憾満ヶ淵

かんまんがふち

大谷川沿いの小渓谷。傍らには化地蔵と呼ばれる地蔵群がある。行きと帰りで数が変わるという言い伝えからこの名に。

日光市匠町 ☎0288-22-1525（日光市観光協会） 営散策自由 交JR・東武日光駅から東武バスで6分、バス停「安川町」下車、徒歩20分 🚗含満公園駐車場利用、12台

西町 ▶MAP 別 P.6A-2

かつて憾満ヶ淵には不動明王の像があった。名前は、不動明王の真言の最後の句「カンマン」に由来している。

日光山内と東照宮の歴史

奈良時代にまで遡る日光山内 東照宮は江戸時代創建

日光というと東照宮のイメージが強いが、ユネスコの世界遺産に登録されている「日光の社寺」とは「日光東照宮」「日光二荒山神社」「日光山輪王寺」の二社一寺のこと。別名を日光山内ともいい、森の中にいくつもの社寺が並ぶ神域だ。日光山内の開祖、勝道上人が最初に創建したのが四本龍寺。翌年には日光二荒山神社の別宮となる本宮神社に二荒山の神を祀った。日光二荒山神社の創建は天応2(782)年。始まりは男体山山頂に創建した奥宮だった。その後平安、鎌倉時代と関東における山岳信仰の中心として栄えた。

安土桃山時代、豊臣秀吉による所領没収により没落した日光山内を再興したのは、徳川家康の腹心にして日光山の貫主となった南光坊天海。家康公が死去し、日光東照宮が創建されたのは元和5(1617)年。勝道上人による日光開山より850年あまりも後のことだ。

日光山内クイック年表

奈良	天平神護2(766)年	勝道上人、四本龍寺を創建
	神護景雲元(767)年	勝道上人、二荒山大神を祀り本宮神社を創建
	天応2(782)年	勝道上人、男体山に登頂。奥宮を創建
平安	治承元(1177)年	座主職争いにより山内が争乱に巻き込まれ、四本龍寺など焼ける
鎌倉	建久3(1192)年	源頼朝、鎌倉幕府を開く。日光は幕府の守りとして信仰を集める
安土桃山	天正18(1590)年	日光山衆徒が北条氏に荷担。所領を没収され衰退する
江戸	慶長8(1603)年	徳川家康公が征夷大将軍に
	慶長18(1613)年	南光坊天海、日光山の貫主になり復興に力を注ぐ
	元和2(1616)年	4月17日、家康公逝去。同年11月に日光で社殿の造営が始まる
	元和3(1617)年	家康公が東照大権現号を勅賜。日光東照社が完成
	元和5(1619)年	二荒山神社が現在の位置に移築される
	寛永13(1636)年	徳川家光により東照社の大造替成る
	慶安4(1651)年	家光逝去。日光の大黒山に葬られる
	承応2(1653)年	大猷院廟が造営される
明治	明治4(1871)年	神仏分離が実施され、東照宮、輪王寺、二荒山神社に分かれる
昭和	昭和26(1951)年	文化財保護法施行、日光東照宮の本殿や陽明門が国宝に指定
平成	平成11(1999)年	「日光の社寺」がユネスコの世界文化遺産に登録される

日光東照宮から二荒山神社へ続く上新道

二社一寺を比較

❖日光東照宮❖

家康公を神としてお祀る

創建 元和3(1617)年
形態 神社
主祭神 徳川家康公
本社様式 権現造

❖日光二荒山神社❖

男体山の神を祀ります

創建 天応2(782)年
形態 神社
主祭神 二荒山大神(大己貴命、田心姫命、味耜高彦根命)
本殿様式 八棟造

❖日光山輪王寺❖

たくさんのお堂からなります

創建 天平神護2(766)年
形態 寺
本尊 阿弥陀如来、千手観音、馬頭観音(三仏堂)
本殿様式 権現造(大猷院

二社一寺のキーパーソン

日光東照宮の
神様じゃ

徳川家康
（とくがわいえやす）

（一五四三〜一六一六年）

戦国時代から江戸時代初期にかけての武将。織田信長や豊臣秀吉の盟友であり、最初は三河国（現在の愛知県の一部）を領し、やがて関東へと転封された。関ヶ原の合戦に勝利した後、征夷大将軍に就任し江戸幕府を開いた。死後に神格化された。

日光山内の
開山の祖

勝道上人
（しょうどうしょうにん）

（七三五〜八一七年）

奈良時代から平安時代まで活躍した僧。現在の栃木県真岡市に生まれ、修行の末28歳で僧となった。日光開山の祖として知られ、輪王寺の前身である四本龍寺や本宮神社を創建した。2度の失敗のあと男体山へと登頂し、日光二荒山神社の奥宮を創建した。

黒衣の宰相
とも呼ばれます

南光坊天海
（なんこうぼうてんかい）

（一五三六〜一六四三年）

天台宗の僧侶。出自や前半生はほとんどわかっていないが、100歳を超える高齢まで生きたとされる。戦国末期には徳川家康の側近となり、朝廷との交渉ごとなどを取り仕切った。慶長18（1613）年に日光山の貫主となり、当時の日光山本坊・光明院を再興した。

大猷院に
眠っています

徳川家光
（とくがわいえみつ）

（一六〇四〜一六五一年）

江戸幕府の3代将軍。寛永5（1628）年の十三回忌から慶安元（1648）年の三十三回忌まで家康公の法要を行い、寛永13（1636）年には東照宮を大造替した。「死後も家康公のそばに仕えたい」という遺言に従い、東照宮のそばに廟所（大猷院）が造営された。

Pick Up!

日光東照宮の成り立ち

東照宮とは？

東照宮とは、徳川家康公を祀る神社のこと。全国に500社あまりあり、そのうち最大の神社が日光東照宮。

家康の逝去と創建

元和2（1616）年に家康が逝去すると、現静岡県静岡市の久能山に埋葬された。翌年には朝廷より東照大権現の神号が宣下され、東照社が創建された。

日光への遷座

家康の遺命により逝去翌年、久能山から日光へと改葬することとなる。元和3（1617）年の4月には日光山内に社殿が完成し、一周忌に遷座された。寛永13（1636）年には徳川家光により大造替が行われ、現在見られる荘厳な社殿が完成。創建時は神仏習合で祀られたが、明治元（1868）年の神仏分離により、仏教的要素が取り除かれた。

全国の大名から寄贈

日光東照宮の造営にあたっては、全国の大名が関わっている。123基の灯籠は諸大名からの寄進。なかでも仙台藩主・伊達政宗の南蛮鉄灯籠が有名。

仙台藩主、伊達政宗から寄贈された南蛮鉄の灯籠

最初に創建された久能山東照宮、愛知県岡崎市の滝山東照宮、そして日光東照宮の3つを日本三大東照宮という。

49

WALK

日光を代表するグルメ＆ショッピングストリート

駅から続く門前町で食べる、買う

日光詣での門前町として栄えた、日光街道。駅からの道にはさまざまな飲食店やおみやげ屋が並び、とってもにぎやか。人気のテイクアウトフードとおみやげをチェック！

バス停日光行政センター前

日光人形焼みしまや B

バス停
日光郷土センター前

119

さかえや F S
WOODMOCC

JR日光駅

東武日光駅

A
日光ぷりん亭

菓匠おしやま

K

L R N
柏崎商店　グルメやまなか　日光羊羹綿半

補陀洛本舗 G

Nikko
Craft Shop 87

T

大谷川

 EAT　SHOPPING

01 めちゃかわいい！
三猿＆眠り猫の名物グルメを探す

日光東照宮のアイコン的存在、三猿と眠り猫のグルメを発見！どれも食べるのがもったいないほどキュート♡

Zzz...

行列必至の人気店

A 日光ぷりん亭
にっこうぷりんてい

ソフトクリームも人気！

栃木産牛乳と日光御養卵を使ったプリンの専門店。定番の日光ぷりんや乙女ぷりんから季節限定のプリンまで10種類以上が揃う。

🏠 日光市石屋町410-7　☎0288-25-6186　🕙10:00～17:00（時季により変動あり）　🈂不定休　🚉東武日光駅から徒歩5分　🅿5台
日光市街 ▶MAP 別P.7E-2

550円

プリンにソフトがドッキング☆ハーフぷりんソフト

ここに
眠り猫！

日光ぷりん400円、抹茶420円、いちごコンポート入りの乙女ぷりん420円、日光クラシカルぷりん400円

こだわりの人形焼

B 日光人形焼みしまや
にっこうにんぎょうやきみしまや

日光彫の工房に併設

北海道産の小豆や栃木産の卵などこだわりの食材をオリジナルの金型で焼き上げる人形焼が評判。三猿のほか陽明門や眠り猫もある。

🏠 日光市石屋町440　☎0288-54-0488　🕘9:00～17:00　🈂木曜　🚉東武日光駅から徒歩7分　🅿1台
日光市街 ▶MAP 別P.7D-2

眠り猫の
人形焼もあるよ

三猿一つ170円、椿は一つ130円

門前町の歩き方のコツ

駅からは徒歩でOK
店が集まるのは日光駅から神橋までの約1.5km、徒歩20分ほど。10:00開店が多く、17:00にはたいていの店が閉まってしまう。

駐車場について
多くの店には専用の駐車場がある。有料駐車場も多い。神橋そばには、日光市営上鉢石駐車場という無料の駐車場もある。

道の途中にはその場で飲める水汲み場が

三福茶屋 **H**

海老屋長造 **J**

バス停鉢石町

H 日光金谷ホテル

日光街道

神橋

I murmur "biiru" stand

Q 金谷ホテルベーカリー 神橋店

♀ バス停神橋

E にほんかし雲IZU

D TENTO chocolate

C NIKKO・NASUのラスク屋さん

P
M 吉田屋羊羹本舗
O 三ツ山羊羹本舗
鬼平の羊羹本舗

● 日光東照宮

外にも席がある

ラスク店のジェラート
C NIKKO・NASUの ラスク屋さん
ニッコウ・ナスのラスクやさん

那須の人気ラスク店の支店で、日光の牛乳を使ったジェラートが味わえる。ジェラートには三猿を象ったチョコレートが付いてくる。

🏠 日光市上鉢石町1039　☎0288-25-5138　🕙10:00〜17:00（季節により変動あり）　🚫冬季の木曜（変動あり）　🚃JR・東武日光駅から東武バスで7分、バス停「神橋」下車、徒歩3分　🚗なし
日光市街 ▶MAP 別P.6C-2

和洋菓子とチョコレートを扱う

日光東照宮御用達
D TENTO chocolate
テント・チョコレート

老舗菓子店の日昇堂が手がけるチョコレートショップ。チョコ以外のおみやげもあり、三猿モチーフの最中は、日光みやげの大定番。

🏠 日光市上鉢石町1038-1　☎0288-53-0534　🕙11:00〜16:00　🚫不定休　🚃JR・東武日光駅から東武バスで7分、バス停「神橋」下車、徒歩2分　🚗なし
日光市街 ▶MAP 別P.6C-2

おさるのマークが目印

おさるの形のお手軽おやつ
E にほんかし雲IZU
にほんかしくもイヅ

和と洋が合わさった創作菓子を販売。看板メニューは、三猿に続く4番目の猿をイメージしたという soppo 焼き。外はカリッと、中はしっとり。

🏠 日光市上鉢石町1018　☎0288-25-5158　🕙10:00〜17:00（季節により変動あり）　🚫冬季の水曜（変動あり）　🚃JR・東武日光駅から東武バスで7分、バス停「神橋」下車、徒歩2分　🚗なし
日光市街 ▶MAP 別P.6C-2

ジェラートは2スクープで648円。三猿どれが付くかはお楽しみ！

見猿
言わ猿
聞か猿
日光葵三猿もなか 486円。キャラメルクリーム味

soppo焼き。つぶあん、カスタード、抹茶の3つの味がある。各324円〜

日光
TOURISM
EAT
SHOPPING
PLAY
WALK

 EAT | SHOPPING

02 湯波をアレンジした名物グルメをパクリ☆

日光の名物グルメ・湯波を、テイクアウトでちょこっと食べ。甘いものから食事系までバリエ豊富に揃い、食べ歩きがとっても楽しい！

和菓子屋さんのゆばむすび

G 補陀洛本舗
ふだらくほんぽ

日光湯波を手軽に味わってほしいとの思いから誕生したゆばむすびが名物。アゴや鰹だしで味付けしたもち米を生湯波で包んでいる。

🏠 日光市石屋町406-4
☎ 0288-53-4623
🕘 9:00～17:00
㊡ 火曜　🚃 東武日光駅から徒歩7分
🚗 5台
日光市街 ▶MAP 別P.7E-2

店内にイートインスペースあり

東武日光駅のすぐそば

> 揚げゆば
> まんじゅう
> 1個 240円

日光産湯波を使用。塩をかけて食べると美味

味しみしみで
ウマウマ

東武日光駅前のおみやげ店

F さかえや

東武日光駅前のロータリーにあるおみやげ店。人気は店頭で揚げるゆばまんじゅう。甘さ控えめのこしあんと揚げ湯波が絶妙にマッチ。

🏠 日光市松原町10-1　☎ 0288-54-1528　🕘 9:30～18:00（時季により変動）㊡ 不定休　🚃 東武日光駅から徒歩すぐ　🚗 なし
日光市街 ▶MAP 別P.7E-3

> かき氷もおすすめですよ

> ゆばむすび
> （2個入り）
> 480円

もっちりした食感がクセになる

---

03 開運団子で運気を上げる♪

EAT

日光を代表する開運フードといえば、お団子。クシに刺さるのは、上から大福、幸福、裕福を意味する開運団子！

団子は白、ごま、十穀の3種類、タレは醤油とくるみ味噌の2種類から選ぶ。各400円

> もっちりしておいしー

ノスタルジックなお団子屋さん

H 三福茶屋
みつふくちゃや

店頭で炭火焼きするお団子屋さん。国産の米粉を使った団子は、大きくて食べ応え満点。団子は3種類、タレも2種類から選べる。

🏠 日光市中鉢石町917　☎ 0288-25-7416　🕘 11:00～16:30（時季により変動あり）㊡ 不定休　🚃 JR・東武日光駅から東武バスで7分、バス停「神橋」下車、徒歩4分　🚗 3台
日光市街 ▶MAP 別P.6C-2

---

04 メイドイン日光の地ビールをぐびっ

EAT

歩き疲れた体に、おいしいビールを！なんて時はこの店へ。マイクロブルワリーで日光産の地ビールを味わって！

ビールは常時5種類前後。小500円、大1000円

ペットボトル詰めの持ち帰りも可能

日光のマイクロブルワリー

I murmur "biiru" stand
マァマー・ビールスタンド

日光の水を使い、店内で仕込む地ビールを味わえる。定番のビールがなく、売り切れ次第徐々にメニューが変わっていく。簡単なおつまみもあり。

🏠 日光市上鉢石町1013
🚗 なし　🕘 12:00～20:00
㊡ 水・木曜　🚃 JR・東武日光駅から東武バスで7分、バス停「神橋」下車、徒歩3分　🚗 なし
日光市街 ▶MAP 別P.6C-2

05 SHOPPING
老舗のテッパンみやげをGet!

愛され続ける名店の味をお持ち帰り。創業100年以上のレジェンドから老舗の手がける和洋菓子まで、絶対おいしいグルメはこちら。

What is
昔ながらの定番みやげ

湯波

輪王寺の精進料理として始まったとされる日光湯波。明治になると一般に広まり、やがて日光を代表するおみやげとなった。

さんしょ

日光の山々でとれる山椒をはじめとした山菜は古くから庶民に親しまれていた。今も一つひとつ手作りする伝統の味を召し上がれ。

老舗のテッパン
海老屋長造の湯波
社寺や御用邸献上品。国産大豆と日光の水が育む、上品な味わい。

さしみ湯波
2本入1328円 J

今も伝統の製法で湯波を作る

巻湯波のふくませ煮
2個入788円 J

老舗のテッパン
日光ラスクと日光湯波おかき
日光の名所が描かれたパッケージがかわいいラスクと湯波おかき。おみやげにも最適。(TENTO chocolate)

日光生大福3個セット
（餡、抹茶、竹炭ごま）
583円 K

老舗のテッパン
菓匠おしやまの日光生大福
自家製の餡と、砂糖・香料不使用の生クリームが絶妙なバランス。

日光ラスク
各700円 D

日光湯波おかき
各486円 D

老舗のテッパン
柏崎商店のさんしょ
春にとれる山椒の木の芽を甘辛く煮上げたもの。おつまみやごはんのお供、お茶漬けに。

木の芽さんしょ
2160円 L

伝統の製法を今も守る
J 海老屋長造
えびやちょうぞう

明治5(1872)年創業の老舗。生湯波から日持ちする乾燥・揚げ湯波などさまざまなおみやげ用湯波がある。

🏠 日光市下鉢石町948
☎0288-53-1177 🕘9:00〜17:00 ㊡水曜（変動あり）
🚌JR・東武日光駅から東武バスで5分、バス停「日光郷土センター前」下車、徒歩3分
🅿5台
日光市街 ▶MAP 別P.7D-2

かわいいパッケージに夢中！
D TENTO chocolate
テント・チョコレート

昭和12(1937)年創業の日昇堂から生まれたショコラティエ。日光東照宮御用達の菓子店で、パッケージもかわいいお菓子を多数販売。

詳細は →P.51、71

人気の和洋菓子が揃う
K 菓匠おしやま
かしょうおしやま

自家製あんこを使った大福やどら焼きなどを製造する、創業100年以上の老舗。地元の人にも大人気。

🏠 日光市御幸町614-1
☎0288-54-1597 🕘8:30〜18:30 ㊡水曜
🚌東武日光駅から徒歩9分
🅿なし
日光市街 ▶MAP 別P.7D-2

地元に愛され続ける名店
L 柏崎商店
かしわざきしょうてん

山菜や木の芽の風味をいかし、手作業で仕上げる伝統の味。舞茸佃煮594円などごはんのおかずが揃う。

🏠 日光市下鉢石町797-1
☎0288-54-0086 🕘9:00〜17:00 ㊡不定休 🚌JR・東武日光駅から東武バスで5分、バス停「日光郷土センター前」下車、徒歩1分 🅿なし
日光市街 ▶MAP 別P.7D-2

日光の湯波は、京都の湯葉と漢字が違う。京都が1枚の湯葉を一気に引き上げるのに対し、日光は中央に棒を刺し二重にして引き上げる。

06 SHOPPING
一口羊羹をプロファイル

江戸・明治の時代から、日光詣でのおみやげとして人気だったのが羊羹。今でも大人気な、老舗の一口羊羹を食べ比べ！

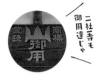

二社一寺も御用達じゃ

M

吉田屋羊羹本舗
1個150円

練、塩、大納言と3つの味が揃う吉田屋の一口羊羹。

甘さ：★★☆　食感：ねっちり

N

日光羊羹 綿半
1個150円

甘さ控えめな塩羊羹。食感はしっとり上品で、大人な味。

甘さ：★☆☆　食感：しっとり

O

三ツ山羊羹本舗
1個160円

あんこの濃密な味わいを感じる。現地の実店舗でしか購入できない。

甘さ：★★★　食感：しっとり

P

鬼平の羊羹本舗
1個160円

みずみずしく、ややシャリッとした鬼平の一口羊羹。ほどよい甘さ。

甘さ：★★☆　食感：しっとり

3種類の一口羊羹
M 吉田屋羊羹本舗
よしだやようかんほんぽ

明治初頭の創業以来、多くの社寺に納めてきた伝統の羊羹。大正時代の羊羹を復刻したなつかし羊羹もある。

🏠 日光市中鉢石町903
☎ 0288-54-0009
🕐 9:00～17:00
㊡ 水曜（木曜不定休）
🚃 JR・東武日光駅から東武バスで7分、バス停「神橋」下車、徒歩5分　🚗 6台
日光市街 ▶MAP 別P.7D-2

日光最古の羊羹店
N 日光羊羹 綿半
にっこうようかん わたはん

天明7(1787)年創業で、日光では最も古い羊羹店。輪王寺への献上菓子、日の輪（6個入り1200円）も人気。

🏠 日光市下鉢石町799
☎ 0288-53-3888
🕐 9:00～17:00
㊡ 水曜
🚃 JR・東武日光駅から東武バスで5分、バス停「日光郷土センター前」下車、徒歩1分
日光市街 ▶MAP 別P.7D-2

風情ある建物が素敵
O 三ツ山羊羹本舗
みつやまようかんほんぽ

明治28(1895)年の創業以来、「こころを満たす」羊羹作りがテーマ。昭和初期建造の建物も素敵。

🏠 日光市中鉢石町914
☎ 0288-54-0068
🕐 8:00～18:30
㊡ 無休
🚃 JR・東武日光駅から東武バスで7分、バス停「神橋」下車、徒歩4分　🚗 5台
日光市街 ▶MAP 別P.6C-2

甘すぎない味わいで人気
P 鬼平の羊羹本舗
きびらのようかんほんぽ

創業は昭和初期。日光で最初に水羊羹を作ったとされる店。冷房のない当時は冬限定だったそう。

🏠 日光市中鉢石町898
☎ 0288-54-0104
🕐 8:30～17:00
㊡ 火曜
🚃 JR・東武日光駅から東武バスで7分、バス停「神橋」下車、徒歩5分　🚗 なし
日光市街 ▶MAP 別P.7D-2

07 SHOPPING
全国区の有名グルメでおうちパーティー

日光においしい店は数あれど、全国にその名を知られる名店はこちら。こだわりのパンとソーセージは、心震える感動の味。

行列パンでパンパーティー☆

人気 No.1

ロイヤルブレッド … **756円**

金谷ホテルベーカリーの大定番。栃木産牛乳を使い、きめ細かな歯触り

午前中に売り切れることも！

金谷マイルドカレー … **281円**
油で揚げない、ヘルシーなカレーパン

日光あんパン … **324円**
日光の老舗羊羹店、湯沢屋のこしあんを使用

伝統的建造物の1階にある

人気 No.1
ポークソーセージ … **540円**
栃木県さくら市の銘柄豚、あさののポークを使った無添加ソーセージ

ミュンヘン … **540円**
ノンスモークの白ソーセージ

フランクフルト … **540円**
ボリューミーな太めソーセージ

世界が認めたソーセージ

日光さんしょチョリソー … **540円**
日光産の山椒で味付けしたピリ辛味

無添加ソーセージでいざ肉パ☆

Q 金谷ホテルベーカリー 神橋店
かなやホテルベーカリーしんきょうてん

日光金谷ホテル（→P.92）をルーツとするベーカリーのパンを販売。150年続く伝統を守りつつ、現代風にアレンジされたパンが揃う。

🏠 日光市上鉢石町1024
☎0288-54-1108 🕙10:00～17:00（時季により変動あり）
㊡無休 🚃JR・東武日光駅から東武バスで7分、バス停「神橋」下車、徒歩1分
🚗なし
日光街 ▶MAP 別P.6C-2

R グルメやまなか

創業120年の歴史ある精肉店。さくら市のブランドポーク、あさの豚を使った無添加ソーセージは旨みたっぷり。

🏠 日光市下鉢石町956 ☎0288-54-0323 🕙10:00～19:00
㊡水曜 🚃JR・東武日光駅から東武バスで5分、バス停「日光郷土センター前」下車、徒歩1分 🚗なし
日光市街 ▶MAP 別P.7D-2

隣接するフレンチレストラン Girouette 内の工房で製造している

---

08 SHOPPING
日光ならではのクラフトを買う

日光の伝統工芸といえば日光彫。通りには多数の日光彫の工房がある。かわいらしい花モチーフの雑貨店もチェック。

📋 **What is**
日光彫
東照宮造営の際に日光を訪れた彫り師をルーツとする木彫り。「ひっかき」という刀を使って描き出す、優美な曲線が特徴。

日光彫などの木工品

S WOODMOCC
ウッドモック

オリジナルをメインに日光彫を販売。伝統の日光彫は皿や小物入れ、手鏡などバリエ豊富。ユニークな木の食器も手に入る。

🏠 日光市松原町9-2
☎0288-54-0404
🕙9:30～17:00
㊡水曜 🚃東武日光駅から徒歩3分 🚗4台
日光街
▶MAP 別P.7E-3

日光彫をメインにさまざまな木工を扱う

店内で彫刻作業を見られることも

三猿汁椀 … **1870円**

三猿マグカップ … **2420円**

日光彫の小箱 … **4180円**
日光彫の茶托（5枚セット） … **1万6500円**

花モチーフの雑貨がずらり

T Nikko Craft Shop 87
ニッコウ クラフト ショップ ハナ

日光周辺に咲く花をテーマとしたみやげ雑貨店。普段使いにもぴったりなアイテムを多く扱っている。

🏠 日光市御幸町611-1 ☎090-4665-7714 🕙13:00～18:00（土・日曜・祝日は11:00～）
㊡不定休 🚃東武日光駅から徒歩10分
🚗1台 **日光市街** ▶MAP 別P.7D-2

2020年にニューオープン

栃木市のペーパークリエイター、harubouさんの作ったポチ袋。左はニッコウキスゲ、右はイチゴ … **600円**

… **2800円～**
… **5500円～**

日光に咲く花が描かれた小皿。左はキスゲやニッコウアザミなどで、右はヤシオツツジ

日光彫の銘々皿

無添加ソーセージでいざ肉パ☆

💡 日光の飲食店やショップは水曜が定休日のケースが多い。水曜に出かける場合は事前にチェックを。

WALK

東照宮西の注目エリア

日光西町をぶらりおさんぽ

最近、日光山内の西にある西町がアツイ！2020年に最新グルメスポットがオープンし、注目を浴びるように。おいしくってかわいい、日光のトレンドエリアの注目アドレスはこちら。

01 最新スポットの西参道茶屋でひと休み

西参道茶屋は、西参道の下にオープンしたグルメスポット。地元食材を使ったフードやスイーツが揃い、テイクアウトやランチに大活躍！

人気の4店舗が集結！

A 西参道茶屋
にしさんどうちゃや

🏠 日光市安川町10-20 ☎営 店舗により異なる ⊗ JR・東武日光駅から世界遺産めぐりバスで20分、バス停「西参道茶屋」下車、徒歩すぐ。または JR・東武日光駅から東武バスで10分、バス停「西参道入口」下車、徒歩3分 🚗 なし

西町 ▶ MAP 別P.6B-2

西参道茶屋の全4軒はこちら！

どら焼きとジェラートがコラボ
日光ドラバタさん
にっこうドラバタさん

どら焼きの皮でバタークリームやジェラートを挟んだ新感覚スイーツ、ドラバタの店。

☎0288-25-6970
営10:00〜17:00
休水曜

330円
380円

とちおとめクリームをサンドしたドラバタさんいちご（左）とピスタチオジェラートのドラジェラさん（右）

こだわりのコーヒーブレイク
日光珈琲 西参道
にっこうこーひー にしさんどう

日光珈琲のコーヒースタンド。淹れたてのコーヒーやサイダーをテイクアウト。

☎0288-25-5480
営10:00〜17:00
休金曜（祝日の場合は翌平日）

550円
500円

黒蜜きな粉ラテ（アイス）（左）とサイダー「とちおとめ」（右）

CUTE!

抹茶スイーツが揃う
茶寮 日りん
さりょう にちりん

日光珈琲がプロデュースした日本茶カフェ。こだわりのお茶スイーツが揃う。

☎0288-25-7906
営10:00〜16:30LO
休火曜（祝日の場合は翌日）

1000円

お茶屋さんならではの抹茶パフェ。5種類あり、テイクアウトのみ

炭火焼きチキンが名物！
manten chicken grill nikko
マンテンチキングリル ニッコウ

宇都宮の人気レストランが出店。日光の醤油と糀を使った特製ダレが絶品。

☎0288-25-3039
営10:00〜17:00
休木曜

1本730円

香ばしいマンテンチキングリル

1つ1つ炭火でじっくり焼いてます

西町おさんぽMAP

日光二荒山神社

大猷院

日光東照宮

西参道（良い縁坂）

金谷ホテル歴史館

日光田母沢御用邸記念公園

西参道茶屋

A 西参道茶屋

西参道入口

いちごの里カフェ **C** 日光店

日光田母沢御用邸記念公園

B 吉見屋

御用邸通り

D 日光甚五郎煎餅 石田屋

大谷川

🗒 What is

日光西町

日光二荒山神社の神門から南に延びる参道の先にあるのが、西町。参道は坂になっており、別名「良い縁坂」と呼ばれる。国道122号の南には旧御用邸があり、歴史ある町並みが残る。

02 かわいい手工芸品をチェック！

SHOPPING

階段の途中に、古民家を改装した雑貨店がある。日光をはじめ全国の作家が手作りしたアイテムは、どれもセンスが光る逸品ばかり。

アートスペースのようなおしゃれな店内

・990円

B 全国の工芸品が集まる
吉見屋
よしみや

5000円

木彫りや日光下駄などの工芸品からアーティストの作品まで個性的な品揃え。一つひとつにストーリーがあり、選ぶのが楽しい！

杉並木の杉で作られた三猿の木彫り

🏠 日光市安川町5-19 ☎0288-87-4032 ⏰10:00～16:00 ㊡日～火曜（その他不定休あり）🚃 JR・東武日光駅から東武バスで10分、バス停「西参道入口」下車、徒歩3分 🚗なし

西町 ▶MAP 別P.6B-2

・2万4800円～

1320円～

鼻緒や草履、下駄の部分が選べる日光下駄

こぎん刺しのポーチ

オーナーである画家の香川大介さんの絵が描かれた手ぬぐい

---

03 季節限定！いちごパフェを即ポスト♪

EAT

栃木県は、イチゴの生産量日本一！カフェでは、12～5月にイチゴ尽くしのパフェやパンケーキが食べられる。

C イチゴ農家の直営店
いちごの里カフェ 日光店
いちごのさとカフェ にっこうてん

国道沿いに店を構える

季節限定のイチゴスイーツは、どれもとれたてイチゴがてんこ盛り！夏はフレッシュイチゴと瞬間冷凍したいちごの里いちご氷880円なども。

🏠 日光市本町2-24 ☎0288-25-7672 ⏰10:00～16:00LO（買い物は～17:00）㊡無休 🚃 JR・東武日光駅から東武バスで10分、バス停「西参道入口」下車、徒歩3分 🚗22台

西町 ▶MAP 別P.6B-2

イチゴ以外の時季に登場するフルーツパンケーキ

・1570円

wow!

12～5月に味わえるいちごの里のいちごパフェ

・1470円

左からオリジナルのジャム、いちごの里の手作りジャム560円、プレミアムスカイベリージャム560円、畑ノ苺バター550円

---

04 百年の老舗で銘菓をバケ買い☆

SHOPPING

御用邸通りにある石田屋は、明治40(1907)年創業の老舗。バターオイルと塩で味付けする煎餅が大人気。

D 名工の名を冠した菓子店
日光甚五郎煎餅 石田屋
にっこうじんごろうせんべい いしだや

日光みやげの大定番！

店内には、オリジナルの煎餅がずらり。昔から変わらない塩バターのほか、15種類以上のフレーバーから選べる袋入り煎餅がおすすめ。

🏠 日光市本町4-18 ☎0288-53-1195 ⏰8:30～17:00 ㊡不定休 🚃 JR・東武日光駅から東武バスで10分、バス停「西参道入口」下車、徒歩3分 🚗10台

西町 ▶MAP 別P.6B-2

450円

450円

かわいい袋入り煎餅。伝統塩バターとカマンベールチーズ

眠り猫がキャラクターだにゃ

EAT

こだわりの品がずらり並ぶ
湯波懐石で大人ランチ

ゆばの
ぜんまいあえ

しの巻き・
揚げゆばの煮物

たぐりゆばの
味噌田楽

紙ゆばの
酢の物

引き上げ
ゆばの刺身

庭園ビューでいただく 全9品の懐石料理

入店プレビュー☆

【 会席膳コース 】
＊4290円＊

＊ゆばのぜんまいあえ
＊紙ゆばの酢の物
＊しの巻き・揚げゆばの煮物
＊鱒の塩焼
＊引き上げゆばの刺身
＊たぐりゆばの味噌田楽
＊舞茸入り椀
＊香の物 ＊ご飯

黄色い暖簾をくぐって店内へ

メニューを決め、案内に従い席へ

次々と料理が運ばれる

種類豊富な湯波料理をどうぞ

窓から日本庭園が望めます

日光を代表する老舗
ゆば亭ますだや
ゆばていますだや

創業150年近い老舗。海老屋長造の湯波を使い、伝統の技で調理した懐石料理は、9品の会席膳と11品の日光膳5720円の2種類。1階はカウンターとテーブル、2階は個室。

日光市石屋町439-2 ☎0288-54-2151 ⑮11:00～15:00（生湯波が売り切れ次第終了） ⑯木曜 ⑰東武日光駅から徒歩7分 ⑱10台
日光市街 MAP 別P.70·E-2

日光の名物・湯波が、見目麗しい懐石料理に変身！和食の技を駆使して丁寧に作られた料理は、どれも絶品。日光の老舗2店の湯波を使ったお店を案内。

🗔 **What is**

日光の湯波

二社一寺の精進料理として始まった日光の湯波。市内にはいくつかの湯波屋があるが、市町村合併前の旧日光にあるのは、海老屋長造とふじや。どちらも創業100年以上の老舗。

【 日光生ゆば懐石膳 】＊ 2750円 ＊
- 前菜：生ゆば、菜の花黄身酢・出汁巻、ゆば田楽、WASABI漬・酢の物 ・ 煮物：揚巻ゆば
- 揚物：平ゆば包み揚、桜海老しんじょ、新馬鈴薯
- 飯碗：さくらごはん ・ 碗物：味噌仕立
- 甘味：豆乳の杏仁豆腐
  ※湯波以外、すべて季節変わり

カジュアルだけど、味は一切手抜きなしの本格派！

肩肘張らないカジュアル懐石

Fudan懐石 和み茶屋
フダンかいせき なごみちゃや

日光にある高級料亭で働いていたご主人が、湯波をもっと気軽に味わってもらいたいという思いから始めた店。カフェのようなおしゃれな店内で、全7品の湯波懐石をいただこう。

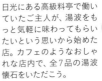

老舗の湯波2種類を使い分けています

🏠 日光市上鉢石町1016
☎ 0288-54-3770 🕚 11:30〜14:30LO ⓗ水曜、不定休
🚃 JR・東武日光駅から東武バスで7分、バス停「神橋」下車、徒歩3分 🚗 7台
日光市街 ▶ MAP 別 P.6C-2

シンプルだけどじんわりおいしい

鹿沼組子など随所に地元ならではの装飾が見られる

席は、テーブルと座敷の2種類がある

湯波で和牛を巻いた湯波巻きメインの全7品！

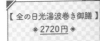

湯波を使った創作和食

日光湯波巻き 全 ZEN
にっこうゆばまき ぜん

日光湯波を使った創作料理が味わえる。名物は紙巻き湯波でとちぎ和牛とご飯を包んだ日光湯波巻き。特製のタレと天然わさびにつけて食べよう。御膳には季節変わりの小鉢が付く。

🏠 日光市上鉢石町1007
☎ 0288-53-3470 🕚 11:00〜15:00、17:00〜21:00（ディナーは要予約）
ⓗ火曜 🚃 JR・東武日光駅から東武バスで7分、バス停「神橋」下車、徒歩3分 🚗 なし
日光市街
▶ MAP 別 P.6C-2

【 全の日光湯波巻き御膳 】
＊ 2720円 ＊
- とちぎ和牛と山葵の湯葉巻き 八貫
- 本日の小鉢 三種
- 自家製たまり漬け
- バイ貝の旨煮
- 葉唐辛子と昆布の佃煮
- 生のりの赤だし
- 生湯葉ぜんざい「白」

CUTE!

スタイリッシュな店構え。内部は2階建てで広々

ぷるぷるの食感が楽しい！

コースの締めは、特製の生湯波ぜんざい「白」

🍂 湯波の風味を直に味わいたいなら、生の刺身湯波を食べてみて。

EAT

昔から変わらない、伝統の味
愛され洋食を食べる

\店内の装飾にも注目/

明治の雰囲気を感じながら
伝統レシピの洋食メニューを

愛され No.1 メニュー
オムレツライス
1870円

ケチャップライスに、エビ入りのふんわり半熟オムレツをオン。特製デミグラスソースが全体をまとめ上げる。

こちらもおすすめ！
仔牛のカツレツ
ウィーン風
3080円

下味を付けて叩くカツレツ。皿を覆い尽くすほどの大きさで、デミグラスソースたっぷり。

優雅な時間をお約束します

♪♫♪

愛され No.2 メニュー
チーズケーキ
日瑠華（ニルバーナ）
550円

デザートは定番のチーズケーキをどうぞ。館内のショップや日光駅前のショップでおみやげも購入可（→P.70）。

明治時代の名残を色濃く感じる1階メインダイニングルーム

庭には英国風電話ボックスが

日光の洋食といえばここ
西洋料理 明治の館
せいようりょうりめいじのやかた

明治時代、日本に初めて蓄音機を紹介したアメリカの貿易商・F.W.ホーンの別荘として建造された建物を利用。当時の姿をとどめた部屋で、伝統の洋食メニューを味わって。

🏠 日光市山内2339-1
☎ 0288-53-3751　🕐 11:00〜19:30LO　🈳 無休　🚃 JR・東武日光駅から世界遺産めぐりバスで8分、バス停「ホテル清晃苑前」下車、徒歩すぐ　🚗 67台

日光山内　▶MAP 別 P.6C-1

日光石を積み上げた石造りの建物

明治時代に日光を訪れた外国人によりもたらされた伝統の洋食。味はもちろん、店の雰囲気も抜群な3店はこちら。100年以上も愛され続けるメニューを召し上がれ！

What is

日光と洋食

明治時代から外国人に避暑地として人気だった日光は、いち早く洋食文化が発展したハイカラな地。現在でも当時の雰囲気の中で変わらないレシピの洋食が食べられる。

※ セットメニュー ※

ヤシオマスや湯波を用いたオードブルやデザート、日光のたまり漬けなど

蔵から発見されたカレーレシピを再現

愛され No.1 メニュー
百年ライスカレー
ランチ
5000円

蔵から発見された大正時代のレシピを再現したカレー。低温調理の牛肉を添えて。

ひと皿ずつサーブします

明治・大正から続く味わい

メインダイニングルーム

日光金谷ホテルのメインダイニングルーム。明治初頭の創業以来、諸外国のVIPをはじめ観光客をもてなし続けてきたコース料理が自慢。ランチでは、カレーなどの洋食が味わえる。

こちらもおすすめ！
季節の
プリフィックスランチ
5500円

写真の大正コロッケット（2種）はメインの中から選べるひとつでプラス1200円。

ダイニングルームにある「迦陵頻伽」の彫刻が目を引く

🏠 日光市上鉢石町1300
☎ 0288-54-0001（日光金谷ホテル）
🕐 11:30 〜 14:30LO、18:00 〜 20:00
LO 🈂 無休 🚃 JR・東武日光駅から
東武バスで7分、バス停「神橋」下車、
徒歩3分 🚗 60台
日光市街 ▶ MAP 別 P.6C-2

1 そこかしこに古い装飾やインテリアがある 2 明治43(1910)年に日光金谷ホテルの売店としてオープンした歴史ある建物

たくさんの彫刻に圧倒される

カフェレストラン匠
カフェレストランたくみ

神橋のそばに立つ、木造の建物。職人たちによる彫刻が彩るレトロな空間は、唯一無二の存在感。1階がおみやげ店やベーカリー、そば屋、2階が洋食レストラン。

愛され No.1 メニュー
ゆばグラタン
セット
2145円

日光産の湯波と、オリジナルのホワイトソースがマッチ。本日のスープ、ライスまたはパンのセット。

湯波とチーズがとろーりとろける♡

🏠 日光市上鉢石町1024
☎ 0288-54-1108（日光物産商会）
🕐 11:00 〜 16:30LO 🈂 不定休 🚃 JR・
東武日光駅から東武バスで7分、バス
停「神橋」下車、徒歩すぐ 🚗 12台
日光市街 ▶ MAP 別 P.6C-2

レストラン匠がある建物の1階には、人気の金谷ホテルベーカリー（→P.55）が入っている。

EAT

各店のこだわりがギュッと詰まってます！

日光そばの名店めぐり

関東を代表するそばの産地である日光は、こだわりそばの激戦区！
定番から変わり種まで、人気店をピックアップ！

こだわり

季節によって
製粉や作り方を変える
夏は香りよく清涼感が
あり、秋から冬は色も
よいなど、季節により
味わいが異なる。

この日のそばは
60日以上熟成させた
氷温熟成そば

地粉を使った
香り高いそば

静かな住宅街の奥に店舗

日光そば処 たくみ庵
にっこうそばどころ たくみあん

田母沢御用邸そばの公園の一角にある。そばは日光産100％。生産者とのつながりを大切にし、種蒔きから収穫まで手伝っている。季節により風味を調整した各種そばを提供している。

日光市匠町7-46　☎0288-53-6323
⊙11:00〜14:00　⊗火曜　⊗JR・東武
日光駅から東武バスで10分、バス停「金
谷ホテル歴史館」下車、徒歩3分　🚗10
台
西町 ▶MAP 別P.6A-2

本日のお蕎麦に汲上ゆば、舞茸ご飯、鴨汁などがセットになった、た
くみ庵ランチ膳 鴨せいろ膳1600円

⌨ Why is

日光のそばが
おいしい理由

日光市は、全国有数の
そばの生産量を誇る栃
木県でも1位という名産
地。山麓から流れる清
涼な水を使い仕込むた
め、日光のそばはおいし
いのだ。市内には100
以上のそば店がある。

冬から春は
もちもちの食感

季節ごとに通う常連客も多い

店内にその日のそばの特徴が記されている

日光のそばは
4回の旬が
あるんですよ

店の外の看板にその日のそばの種類が出ている

田舎そばは大地の香り、丸抜はそば本来の香り

地元に愛される名店
玄蕎麦 河童
げんそば かっぱ

地元では知らぬ人のいない有名店。そばの殻ごとひいた田舎そばと、殻をむいてからひいた丸抜そば、2種類の十割そばを提供している。日によりそばの産地が異なる

🏠 日光市瀬尾44-7 ☎0288-25-8111 🕚11:00～14:45LO（売り切れ次第終了）🈺木曜、第1・3・5水曜 🚃東武大谷向駅から徒歩10分 🚗10台
今市 ▶MAP 別P.5F-2

ここがこだわり！
時季ごとに最高のそばを厳選
全国15カ所から玄そばの状態で仕入れ、店内で石臼びきにして製粉している。

季節により変わる 旬のそばを使用

産地別十割二種盛 天せいろ2180円

2種類のそばを食べ比べ！

湯波は鰹だしでじっくりと煮込んで味付けしています

ここがこだわり！
そばも湯波も地元産
地元日光産の玄そばを石臼で自家製粉。湯波は日光のふじやのものを使用。

こだわりそばに 湯波をトッピング♪

元祖ゆばそばの店
手打ち生そば魚要
てうちきそばうおよう

さまざまな店で提供している湯波そばだが、オリジナルはこの店。大正7（1918）年に創業し、現在は3代目が店を守っている。そばは香り高いひきぐるみの二八そばを使っている。

🏠 日光市御幸町593 ☎028 8-54-0333 🕚11:00～15:00 不定休 🚃JR・東武日光駅から東武バスで5分、バス停「日光郷土センター前」下車、徒歩すぐ 🚗3台
日光市街 ▶MAP 別P.7D-2

揚巻、ぜんまい巻き、高野豆腐を包んだ長寿揚げの3種類が入った元祖湯波そば1300円

そばはもちろん、湯波にもこだわり抜いた逸品

日光産そば粉の風味を生かした田舎そば

ここがこだわり！
地元のそばをひきぐるみで提供
今市でとれたそばを使い、周りの皮ごと製粉するひきぐるみで提供。香りの高さが特徴。

季節の野菜の天ぷらが付いた天ざるそば1380円

田舎の農家に来たみたい！

杉並木公園の中にある

杉並木そばの古民家
報徳庵
ほうとくあん

二宮尊徳が提唱したという農家のあるべき姿を再現した建物。座敷や縁側でいただくそばは、のどごしがいい。せいろのほか山菜やキノコがたっぷりの金次郎そば（温）1250円も人気。

🏠 日光市瀬川383-1 ☎0288-21-4973 🕚11:00～15:00 🈺無休 🚃JR今市駅から車で5分 🚗30台
今市 ▶MAP 別P.5E-2

畳敷きの座敷のほかテーブルも2席だけある

EAT

イタリアンにステーキハウス、フレンチまで！

おしゃれビストロで 日光食材を味わい尽くす♡

日光で最近話題の、厳選食材を使った各国料理を味わえるカジュアルビストロへGo！
スペシャルな食材は、シェフの技でさらにおいしく進化☆

こだわり食材が シンプルイタリアンに！

Check! ヤシオマス

香り高い ナポリピッツァに感激！

Check! 日光まいたけ

Check! 日光 HIMITSU ひみつ豚

ヤシオマスとレモンのペペロンチーノ 1870円。南イタリアの定番、レモンパスタをアレンジ

本場の味を楽しんでください

こちらも おすすめ！

鹿沼の丸福農園のトマトを使った、湯波のカプレーゼ 1760円

本場仕込みのイタリアン
Trattoria Gigli
トラットリア ジッリ

シェフの竹谷さんは、日本国内やイタリアの有名レストランで修業後、故郷・日光へ戻りレストランを開業した。地元の食材を積極的に使い、正統派のイタリアンへと仕上げる。

🏠 日光市松原町10-11 ☎0288-28-9028 🕚11:30〜14:00LO、17:30〜21:00LO 🈺水曜、第2火曜 🚉東武日光駅から徒歩1分 🅿3台
日光市街 ▶MAP 別 P.7E-3

自家製燻製ベーコンと日光クロマイタケとひらたけの Pizza 1300円

日々自然と会話して生地を仕込んでます

薪窯で一気に焼き上げる

粉まで栃木産のピッツァ
PIZZA LINNE
ピッツァ・リンネ

もちもちのナポリピッツァが味わえる。栃木産の小麦ゆめかおりを使った天然酵母の生地は、香ばしくて味が濃い。ピッツァは、トマトソースとモッツァレラベース各4種類が揃う。

🏠 日光市本町1-29 ☎0288-25-5039 🕚11:30〜14:00LO 🈺月曜（祝日の場合は翌日）、不定休 🚉JR・東武日光駅から東武バスで10分、バス停「金谷ホテル歴史館」下車、徒歩1分 🅿10台
西町 ▶MAP 別 P.6A-2

メイドイン日光の注目食材

上品な味

ヤシオマス

ニジマスの改良種。1kg以上に大きく成長したものをヤシオマスといい、なかでも7つの基準を満たすものがプレミアムヤシオマス。

日光HIMITSUひみつ豚

日光市の銘柄豚で、栃木県では唯一となるSPF（無菌）豚。自然の中で飼育され、飼料にもこだわった豚肉は、旨みが強くきめ細やか。臭みはない。

とちぎ霧降高原牛

ホルスタインと黒毛和牛の交配種。牛肉の品評会で最優秀賞を受賞したこともあるほど肉質がよい。なお、栃木県産の最高級和牛ブランドはとちぎ和牛。

日光野菜

関東で最も広い市町村で農園が多い日光では、イチゴなどの果物やネギをはじめとするさまざまな野菜を栽培。春には山菜も出回る。有機栽培の農家も。

地元ビーフの ハンバーグに湯波をオン！

Check!
湯波

Check!
とちぎ 霧降高原牛

日光野菜が主役の ワンプレート

Check!
ヤシオマス

Check!
日光野菜

たっぷり生湯波を添えたビーフハンバーグ2530円。フォークを入れると肉汁があふれる

肉の旨みを引き出すよう心がけています

デザートはこちら

冷たい日光銘水のゼリー550円。肉料理のあとにぴったり

僧坊利用のステーキハウス

Grill&Steak 妙月坊

グリル＆ステーキ みょうげつぼう

栃木県産の牛肉を使ったステーキハウス。直火の鉄板を使い、じっくりと低温から火を入れることで、旨みをギュッと閉じ込めている。昔の僧院を利用した建物も趣がある。

🏠 日光市山内2381　☎0288-25-5025
🕐11:00～19:30最終入店　㊡水曜
🚉JR・東武日光駅から東武バスで7分、バス停「神橋」下車、徒歩3分　🚗12台
日光山内 ▶MAP 別P.6C-2

季節のディッシュ10品3850円。メインは肉か魚から選べる

石造りの建物は、一部が登録有形文化財

ステンドグラスもあり夜には照明で幻想的になります

地元にこだわるフレンチ

カフェレストラン ふじもと

明治の館の隣にあるレストラン。日光の野菜をふんだんに使ったフレンチプレートが人気。伝統工芸の食器やインテリアを使った内装は、おしゃれで地元愛にあふれる。

🏠 日光市山内2339-1　☎0288-53-3751　🕐11:00～19:00LO（冬季は11:30～）㊡水曜　🚉JR・東武日光駅から世界遺産めぐりバスで8分、バス停「ホテル清晃苑前」下車、徒歩すぐ　🚗67台
日光山内 ▶MAP 別P.6C-2

EAT

地元の食材を丼で味わうなら

ご当地NIKKO丼をほおばる!

2020年、テイクアウト丼のグランプリによって始まったNIKKO丼。各店、和風に洋風テイスト
と個性豊か。日光の食材をいっぺんに味わいたいなら、これでキマリ☆

日光HIMITSU
ひみつ豚
×
デミグラス

日光HIMITSUひみつ豚のカツに、特製のデミグラスソースをかけた洋風どんぶり

MENU
日光ヒミツ豚の
デミカツ丼
1400円

メニューに載ってないので尋ねてくださいね

西町の名物食堂
お食事処 山楽
おしょくじどころ さんらく

西町に店を構えて90年以上という老舗食堂。初代から変わらぬ味のラーメン750円やひみつ豚のカツカレー1400円も人気。ご主人は日光の観光情報にも詳しい。

🏠 日光市安川町10-19　☎0288-54-0292　⏰11:00〜16:00　㉁水曜　🚌 JR・東武日光駅から世界遺産めぐりバスで20分、バス停「西参道茶屋」下車、徒歩すぐ。または JR・東武日光駅から東武バスで10分、バス停「西参道入口」下車、徒歩すぐ　🚗3台

西町
▶MAP 別P.6B-2

wow!

さくさくのカツとデミソースがマッチ☆

湖と川の魚をサクッと天ぷらに

イワナ&
ヤシオマス
×
天ぷら

西参道途中の大型食堂
本家やまびこ
ほんけやまびこ

西参道の大型食堂で、気軽に味わえるメニューが揃う。内部には、かつて日光二荒山神社の神輿に使われた彫刻が飾られている。1階はおみやげ店になっている。

🏠 日光市安川町10-8　☎0288-53-1556　⏰11:30〜15:00（時季により変動）　㉁不定休　🚌 JR・東武日光駅から世界遺産めぐりバスで20分、バス停「西参道茶屋」下車、徒歩1分。または JR・東武日光駅から東武バスで10分、バス停「西参道入口」下車、徒歩5分　🚗なし

西町　▶MAP 別P.6B-2

MENU
日光虹鱒岩魚天丼
1474円

どんぶりを覆うのは、ヤシオマス、イワナ、湯波、舞茸の天ぷら。付け合わせは湯波佃煮

\\ 和牛と湯波の最強コンビに脱帽! //

What is NIKKO丼

2020年に開催されたテイクアウト丼の人気投票、NIKKO-DONグランプリで誕生。日光市内の飲食店が多数メニューを開発した。一部のメニューは現在も店で提供されている。

ローストビーフ × 湯波

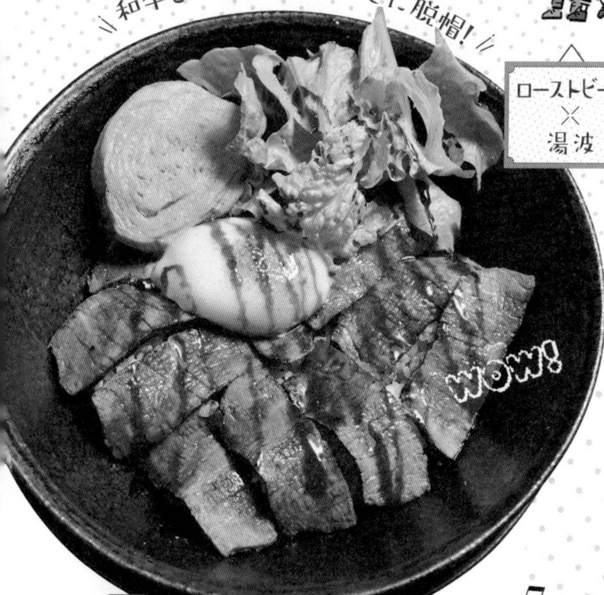

MENU
NIKKO丼
1980円(単品)

前日光和牛のローストビーフと揚巻湯波の煮込みのコンビ。卵、米、レタスまで栃木産の地元満載丼

地元食材の創作料理

かまや〜カフェ・デュ・レヴァベール〜

栃木の食材にこだわった料理は、和洋創作揃っており非常にバリエーションが豊富。外国人観光客のニーズに対応するため、ハラル(ムスリムフレンドリー)メニューもある。

🏠日光市松原町12-6 ☎0288-54-0685 営11:00〜17:00 休不定休 交東武日光駅から徒歩2分 🚗6台
日光市街 ▶MAP 別P.7E-3

CUTE!

ヤシオマス × オムレツカレー

\\ 3つの味のハーモニー //

金谷ホテルベーカリーの直営レストラン

金谷ホテルベーカリー カテッジイン・レストラン&ベーカリー

かなやホテルベーカリー カテッジイン・レストラン&ベーカリー

日光金谷ホテル創業の地にある、金谷ホテルベーカリーの直営店。日光Donのほか、自社のパンを使ったサンドイッチやフレンチトーストも好評。ベーカリーショップを併設。

🏠日光市本町1-25 ☎0288-50-1873 営9:00〜16:30LO(15:00〜はカフェメニューのみ) 休無休(12〜2月は不定休) 交JR・東武日光駅から東武バスで10分、バス停「金谷ホテル歴史館」下車、徒歩すぐ 🚗18台
西町 ▶MAP 別P.6A-2

カレーの上にふわふわのオムレツと日光サーモン(ヤシオマス)のフライをオン！伝統と新しさのコンビが楽しめる

MENU
日光サーモン・オムカレーDonカナヤ風
1630円

EAT

かわいい＆シックな内装もごちそう
古民家カフェでくつろぐ

古い建物を利用した古民家カフェは、ほっとひと息つくのに最適。建物やインテリアはもちろん、料理やスイーツにも各店のセンスがキラリと光る。

聖なる地に立つカフェでスペシャルな体験を

Interior
純和風の内装の中に、オーナーの趣味であるアメコミオブジェが

THE WORLD HERITAGE
SHRINES and TEMPLES of
NIKKO
世界遺産 日光の社寺

ガオォォ

料理、コーヒー、内装まで抜かりなしの雰囲気作り

古民家カフェのパイオニア

日光珈琲 御用邸通
にっこうこーひー ごようていどおり

鹿沼市で創業したコーヒー店。店舗は昭和初期に建てられた商家を改装したもの。内装は木の落ち着いた造りで、インテリアはバラバラだがどこか統一感がある不思議な雰囲気。

📍 日光市本町3-13 ☎0288-53-2335 🕙10:00〜17:00LO ㊡月曜（祝日の場合は翌日）、第1・3火曜 🚌JR・東武日光駅から東武バスで10分、バス停「西参道入口」下車、徒歩3分 🅿なし
西町 ▶MAP 別P.6B-2

Sweets
キャラメルシフォンにドリンクが付いたケーキプレート1430円

湯波と日光まいたけ入り

Exterior
日光二荒山神社発祥の地である本宮神社の隣に位置している

Food
金谷ホテルベーカリーのロイヤルブレッド使用のクラムチャウダー1320円

Coffee
ブラジルのナチュラル式コーヒー豆を使ったHongu コーヒー600円

Sweets
スイーツは和テイスト。こちらはクリームあんみつと抹茶1320円

神社横の古民家カフェ

本宮カフェ
ほんぐうカフェ

建物は神職の方の住居兼社務所として利用されていたもの。柱や天井、壁は当時のままに残されている。入口付近の壁色は神橋の赤、奥の群青は陽明門をイメージ。

🏠 日光市山内2384 ☎0288-54-1669 ⏰10:00〜18:00 (1〜3月は〜17:00) 🈺木曜 🚌JR・東武日光駅から東武バスで7分、バス停「神橋」下車、徒歩3分 🅿5台
日光山内 ▶MAP 別P.6C-2

和とアメリカンが絶妙に融合

しっとり落ち着いた雰囲気

Exterior
赤いトタン屋根の平屋造りの外観。どこから見ても絵になる!

Coffee
自家焙煎ドリップ珈琲660円。オリジナルブレンドなど全11種類が揃う

Food
焙煎スパイスを使う御用邸通の黒カレー1980円。鹿沼産のポークがごろり

Interior
天井が高く、開放的な店内。太い梁が印象的な商家造り

Exterior
店舗の奥には中庭があり、窓側なら庭を見ながらお茶できる

本宮カフェ、日光珈琲 御用邸通とも、日光天然氷のかき氷でも有名。

日光

TOURISM

EAT

SHOPPING

PLAY

WALK

SHOPPING

日光のスイーツといえばコレ！
チーズケーキ食べ比べ

日光みやげの定番はチーズケーキ。かつて日光金谷ホテルで提供されたチーズケーキを原型とするチーズケーキは、各店で独自の進化を遂げた。絶対外さない4店をチェック！

サワークリームをレモンで風味付け

A チーズケーキ 日瑠華（ニルバーナ）
大（直径21cm）3780円
小（直径15cm）2268円
小麦粉を使わず、デンマーク産クリームチーズとサワークリームで仕上げる。後味さっぱり

ぼったらコレ

B チーズケーキ
大（直径23cm）4800円
小（直径18cm）2700円
低温でじっくり焼き上げる。底のクラッカーに塩味を加えることで、さわやかな味わいに

通好み

甘 ☆☆★☆☆ 酸
しっとり ★☆☆☆☆ ふわふわ

甘 ☆☆ ☆☆ 酸
しっとり ☆ ☆☆☆ ふわふわ

C カステラ屋さんのチーズケーキ
1430円（直径15cm）
オーブンで焼き上げたチーズケーキ。レモンの風味が効いており、濃厚なのにすっきり

変わりダネ

甘 ☆★☆☆☆ 酸
しっとり ☆☆ ☆ ☆ ふわふわ

甘 ☆☆☆☆☆ 酸
しっとり ☆☆☆ ☆ ふわふわ

D チーズケーキ
5500円（直径16cm）
サクッとしたビスケット生地としっとり濃厚なチーズが相性抜群

NEW FACE

A 明治の館のテイクアウトショップ
明治の館 ケーキショップ 日光駅前店
めいじのやかた ケーキショップ にっこうえきまえてん

明治の館の駅前テイクアウトショップで、一番人気は本店のデザートでも供されるニルバーナ。40年以上変わらない伝統の味をぜひ。

🏠 日光市松原町4-3 ☎0288-54-2149 🕘10:00〜18:00 🈵無休 🚃東武日光駅から徒歩すぐ 🚗なし
日光市街
▶MAP 別P.7E-3

B 駅前にある純喫茶のチーズケーキ
カフェフルール

東武日光駅前の純喫茶。30年以上前から変わらない自家製チーズケーキは、観光客や地元に愛されている。チーズケーキセットは980円。

🏠 日光市松原町12-1 ☎0288-54-3113 🕘9:00〜17:00 🈵不定休 🚃東武日光駅から徒歩1分 🚗なし
日光市街 ▶MAP 別P.7E-3

C カステラをはじめオリジナル商品がずらり
日光カステラ本舗 本店
にっこうカステラほんぽ ほんてん

こだわりのカステラを販売する店。カステラと人気を二分するのが、チーズケーキ。夏場は冷やして、冬は温めるのがおいしい食べ方。

🏠 日光市本町1-8 ☎0288-53-6171 🕘9:00〜17:00 🈵無休 🚃JR・東武日光駅から東武バスで10分、バス停「金谷ホテル歴史館」下車、徒歩1分 🚗20台
西町
▶MAP 別P.6B-2

D 素材にこだわったチーズケーキの新鋭店
NIKKO ケーキスタジオ
ニッコウ ケーキスタジオ

熟練のパティシエによる、最高級の素材を使った、ワンランク上のケーキを販売。チーズケーキやチョコレートケーキもある。

🏠 日光市宝殿30-4 ☎0288-25-7131 🕘10:00〜18:00 🈵火・水曜 🚃JR日光駅から徒歩10分 🚗10台
日光市街
▶MAP 別P.7F-3

SHOPPING

和洋がミックスした新感覚スイーツ

宝石チョコレートにキュン♡

日光東照宮御用達としても知られる和菓子店・日昇堂が、チョコレートブランドを立ち上げた。メインで扱うのは、きれいなカッティングが施された粒チョコ。まるで、宝石みたいなかわいさ。

宝石みたいなチョコに心ときめく♡

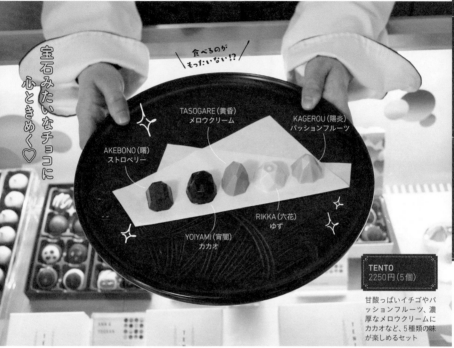

食べるのがもったいない!?

TASOGARE (黄昏)
メロウクリーム

KAGEROU (陽炎)
パッションフルーツ

AKEBONO (曙)
ストロベリー

RIKKA (六花)
ゆず

YOIYAMI (宵闇)
カカオ

TENTO
2250円 (5個)

甘酸っぱいイチゴやパッションフルーツ、濃厚なメロウクリームにカカオなど、5種類の味が楽しめるセット

こちらも人気!

GANSHIN 'OBORO'
1512円

栃木県産のイチゴに、ホワイトチョコを染み込ませたOBORO。サクッとして歯触りよし

パッケージもかわいいですよ!

NICE!

ANN & YOUKAN
2880円 (8個)

羊羹とあんこをチョコでコーティングした、和菓子屋ならではの新感覚チョコレート

マーブル模様が美しい板チョコ。透かし穴から光が差し込むとさらにきれい

老舗の手がけるチョコレート

TENTO chocolate
テント・チョコレート

日光の老舗和菓子店、日昇堂のチョコレートブランド。美しくて味も抜群なチョコレートは、一躍日光を代表する人気スイーツに。

🏠 日光市上鉢石町1038-1 ☎ 0288-53-0534 🕐 11:00〜16:00 ㊡不定休 🚉JR・東武日光駅から東武バスで7分、バス停「神橋」下車、徒歩2分 🚗なし

日光市街 ▶MAP 別P.6C-2

BAR
'AKABOSHI' STRAWBERRY × WHITE
'HOSHIKAGE' MATCHA × WHITE
'SUBARU' CACAO × WHITE
各1枚1188円

🐾 TENTO chocolateには、ほかにもマシュマロやナッツをチョコレートで包んだものもある。

TOURISM

東照宮から奥日光へ
紅葉ドライブに心ときめく！

日光山内から奥日光へ、紅葉ドライブに出かけよう。いろは坂に華厳ノ滝など、絶景スポットのオンパレード！グリーンシーズンの景色も併せてチェック！

標高差1000mを超えて山の中へ
緑と紅葉のドライブコース

Check!
「い」から「ん」まで
48のカーブ
上りとなる第二いろは坂は全長約6km、20のカーブがある。下りの第一いろは坂は28。

Green Season

運転中もすばらしい風景が見られるが運転には注意

つづら折りのカーブ道
2 いろは坂
いろはざか

いろは坂とは、日光市街の馬返から中禅寺湖へと続く国道120号。標高差は約440mで、急カーブが連続する。道は一方通行で、上り専用の第二いろは坂の途中に明智平ロープウェイがある。

日光市 ☎0288-22-1525（日光市観光協会）⊛通行自由 ⊛清滝ICから車で10分
中禅寺湖周辺 ▶MAP 別P.4C-2

Red Season

日本でも有数の紅葉の名所。土・日曜は渋滞が激しい

急カーブに気をつけて！

START!

9km
15分

日光最大の見どころ
1 日光東照宮
にっこうとうしょうぐう

徳川家康公を祀る日光東照宮。ここからスタートし奥日光へ向かうのが定番のドライブルート。 →P.28

滝と湖を見下ろせる
3 明智平ロープウェイ
あけちだいらロープウェイ

第二いろは坂の途中にある駐車場と明智平展望台を結ぶロープウェイ。展望台からは中禅寺湖とそこから流れ落ちる華厳ノ滝が一望できる。紅葉シーズンは混雑すること必至。

🏠 日光市細尾町深沢709-5 ☎0288-55-0331 ㋓9:00〜15:30（繁忙期延長あり）㋡荒天時ほか点検整備による運休あり ㋹往復1000円 ㋐JR・東武日光駅から東武バスで40分、バス停「明智平」下車、徒歩すぐ 🅿40台
中禅寺湖周辺 ▶MAP 別P.4C-2

7.5km
12分

Red Season

青く輝く中禅寺湖と紅葉の森のコントラストが美しい

Check!
ロープウェイで展望台へ
駐車場から約3分で展望台まで登れる。中禅寺湖のある西側のほか東側も絶景。

Green Season

グリーンシーズンは青と緑のさわやかな眺めが楽しめる

ロープウェイからも周囲の風景が望める

72

DRIVE ROUTE

START!

1. 日光東照宮
   ▶ 9km、15分
2. いろは坂
   ▶ 7.5km、12分
3. 明智平ロープウェイ
   ▶ 2.6km、5分
4. 華厳ノ滝
   ▶ 9km、18分
5. 半月山展望台
   ▶ 9.5km、20分
6. 日光二荒山神社中宮祠
   ▶ 5km、8分
7. 竜頭滝
   ▶ 3.2km、5分
8. 戦場ヶ原
   ▶ 3km、5分
9. 湯滝
   ▶ 500m、1分
10. 湯ノ湖

GOAL!

How to

簡単ドライブNAVI

紅葉のピークは毎年10月中旬～下旬頃。標高差があり日光市街と奥日光ではシーズンが異なる。いろは坂を中心に渋滞が激しく、駐車場も混み合う。平日に行くなど対策を。

2.6km 5分

Red Season

上部観瀑台からの眺め。紅葉の森に抱かれた滝が望める

Check!

観瀑台は上下2カ所

エレベーターで降りる下の観瀑台からは滝を間近に見ることができ、大迫力。

日本三大名瀑の一つ

❹ 華厳ノ滝

けごんのたき

中禅寺湖から流れ落ちる滝は落差97m。上部と下部の2カ所に観瀑台が設けられており、上部からは滝の全景が、下部からは滝を仰ぎ見る。

🏠日光市中宮祠2479-2　☎0288-55-0030（華厳滝エレベーター）　㊢8:00～17:00（3～4月は9:00～、12～2月は9:00～16:30）　㊡無休　㊫エレベーター570円　㊯JR・東武日光駅から東武バスで50分、バス停「中禅寺温泉」下車、徒歩10分　🚗有料144台

中禅寺湖周辺 ▶MAP 別P.4C-1

Green Season

6月にはたくさんのイワツバメが周辺を飛び回る

9km 18分

Green Season

新緑に彩られた6月の中禅寺湖。湖水も輝くブルー

Check!

駐車場から簡単ハイク

中禅寺湖スカイラインの突き当たりにある駐車場から展望台までは山道を30分ほど歩く。

Red Season

湖の周囲を紅葉の木々が取り囲む。男体山も中腹までは紅葉に

男体山と中禅寺湖を一望！

❺ 半月山展望台

はんげつさんてんぼうだい

中禅寺湖の南にある展望台で、中禅寺湖と男体山を望むことができる。湖の南湖畔から延びる特徴的な半島は、風光明媚な場所として知られる八丁出島。紅葉の名所でもある。

🏠日光市中宮祠　☎0288-22-1525（日光市観光協会）　㊢4月中旬～11月下旬の7:00～17:00（中禅寺湖スカイラインの通行時間、冬季は通行止め）　㊡期間中無休　㊫見学自由　㊯JR・東武日光駅から東武バスで50分、バス停「中禅寺温泉」で中禅寺湖スカイライン半月山線バスに乗り換えて20分、終点下車、徒歩30分　🚗55台

中禅寺湖周辺 ▶MAP 別P.4B-3

To Be Continued ⇨

日光二荒山神社中宮祠では、華厳ノ滝のイラストが描かれた御朱印がいただける。

男体山への登り口

❻ 日光二荒山神社中宮祠

にっこうふたらさんじんじゃちゅうぐうし

日光二荒山神社の御神体である男体山の中腹にある。境台の奥には男体山への登山口があり、片道4時間ほどで頂上まで登れる。境内にはほかにもパワースポットが点在する。

🏠 日光市中宮祠2484 ☎0288-55-0017 ⏰8:00～17:00（11～3月は～16:00）休無休 料参拝自由 ⊗JR・東武日光駅から東武バスで50分、バス停「二荒山神社中宮祠」下車、徒歩すぐ 🚗50台

中禅寺湖周辺 ▶MAP 別 P.4A-1

ここが本殿と拝殿

この鳥居の奥に男体山への登山口がある

Check!

境内には中宮祠七福神の像がある。こちらは商売繁盛、家内安全の恵比須神

ご利益いろいろ！

本社と同じく、中宮祠にも「幸運の杜」というご利益たくさんのパワースポットがある。

5km
8分

さまざまなご利益がいただけます

岩場を流れる渓流瀑

❼ 竜頭滝

りゅうずのたき

男体山の噴火により形成された渓流瀑。幅10mほどの岩場を約210mにわたって流れている。巨岩により二手に分かれて落ち込む様子が竜の頭に似ていることからこの名に。

🏠 日光市中宮祠 ☎0288-22-1525（日光市観光協会）⏰散策自由 ⊗JR・東武日光駅から東武バスで1時間、バス停「竜頭の滝」下車、徒歩すぐ 🚗40台（秋は臨時あり）

中禅寺湖周辺 ▶MAP 別 P.4A-2

Green Season

新緑シーズンの竜頭ノ滝。滝というよりは川のよう

Red Season

秋には滝の両側の木々が色づく。控えめだが絵画のような美しさ

Check!

視点を変えて滝見学

滝に沿って階段があり、滝を間近に眺めながら歩ける。滝壺から滝上までは徒歩10分。

2つに分かれた水が滝壺に落ちる

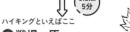

3.2km 5分

ハイキングといえばここ

⑧ 戦場ヶ原
せんじょうがはら

中禅寺湖から国道120号を北上すると現れる、日本有数の湿地帯。湿原を歩くハイキングコースが多数整備されているほか、国道沿いには戦場ヶ原展望台もある。　→P.78

3km 5分

湿原一帯を見渡せます

三本松にある戦場ヶ原展望台

湯ノ湖から流れ落ちる滝

⑨ 湯滝
ゆだき

華厳ノ滝、竜頭ノ滝と並ぶ奥日光三名瀑の一つ。湯ノ湖の南端にあり、最大幅約25m、高さ約70mにわたる豪快な滝。戦場ヶ原から湯ノ湖へ行くハイキングコースの途中にある。

♠ 日光市湯元　☎0288-22-1525（日光市観光協会）　⊚周辺散策自由　⊗JR・東武日光駅から東武バスで1時間20分、バス停「湯滝入口」下車、徒歩5分　☻有料51台

湯元 ▶MAP 別P.4A-1

Red Season

滝壺の目の前に観瀑台があり、迫力ある眺めを楽しめる。

Check!

周辺は温泉の香り

戦場ヶ原から滝までは人気のハイキングコース。遊歩道があり、湯ノ湖まで行ける。

Green Season

森に囲まれた滝は1年を通して水量が豊富

500m 1分

Check!

湖一周ハイキング

湖を一周する散策路がある。ぐるっと回って1時間ほどでスタート地点に戻れる。

Green Season

夏の湯ノ湖。マスなどフィッシングの聖地としても知られる

Red Season

山に囲まれた湖は穏やかで、紅葉の森を鏡のように映し出す

透き通った温泉湖

⑩ 湯ノ湖
ゆのこ

湯元温泉の南に広がる湖で、東にそびえる三岳の噴火により湯川が堰き止められてできた。三方を山に囲まれており、どこか静謐な空気が流れる。駐車場は湯元温泉街にある。

♠ 日光市湯元　☎0288-22-1525（日光市観光協会）　⊚散策自由　⊗JR・東武日光駅から東武バスで1時間30分、終点「湯元温泉」下車、徒歩5分　☻223台

湯元 ▶MAP 別P.4A-1

GOAL!

🏔 男体山の山頂には、全長3.5mの剣が立つ。開山は4月25日〜11月11日。

TOURISM

ヨーロッパのリゾート気分に浸れる

中禅寺湖でやるべき4のコト

奥日光の中心となる中禅寺湖。ここ数年でホテルや新たな施設がオープンし、リゾートとして進化している。のんびりからアクティブまで、楽しみ満載の湖畔を回ってみよう。

to do 1 憧れのリッツで季節のアフタヌーンティー

ザ・リッツ・カールトン日光のザ・ロビーラウンジでは、季節の食材をいかしたアフタヌーンティーが味わえる。栃木ならではのイチゴ尽くしのスイーツも登場！

写真はイメージ

ホテルのロビーにあるラウンジ
ザ・ロビーラウンジ

ホテルの中庭を眺めながら楽しむアフタヌーンティーは、日本茶とマッチするよう制作。数種の茶葉から選べる。7200円。

🏠 日光市中宮祠2482
☎0288-25-6666（ザ・リッツ・カールトン日光）　⏰11:00〜16:30LO
㊡不定休　🚃JR・東武日光駅から東武バスで40分、バス停「ザ・リッツ・カールトン日光」下車、徒歩すぐ　🅿25台
中禅寺温泉　▶MAP 別P.4B-1

中禅寺湖に面して立ち、秋には紅葉の森に囲まれる

エレガントなザ・ロビーラウンジ

1 カラフルな一輪挿し2750円〜。形もさまざま 2 水出しカフェオレはホットとアイスがあり各620円 3 オリジナルのグラスに入った見た目も美しいグラスデザート950円

鹿沼生まれのガラス工房
808 GLASS NIKKO
808 グラス ニッコウ

1階は吹きガラスによる制作体験3950円ができる工房とカフェ、2階がショップ。ガラスに囲まれたセンス抜群の内装にうっとり。

🏠 日光市中宮祠2478-8　☎0288-25-5368　⏰10:00〜16:00（時季により変動あり）㊡月〜金曜　🚃JR・東武日光駅から東武バスで50分、バス停「中禅寺温泉」下車、徒歩5分　🅿なし
中禅寺温泉　▶MAP 別P.4C-1

to do 2 グラススタジオでランチ＆ショッピング

鹿沼の吹きガラス工房「808 GLASS」の日光店が、2021年にリニューアル！ショップのほか体験工房、カフェまで備えた施設にパワーアップ☆

ガラスのシェード2万円〜（オーダーメイド）

🕮 How to

湖畔の歩き方

湖畔の中心となるのは華厳ノ滝から日光二荒山神社中宮祠のあるあたりまでの中禅寺温泉。歩くと30分以上かかるので、車やレンタサイクルを利用するとラク。

レンタサイクル

奥日光サイクルシェアを利用しよう。すぐそばの栃木県立日光自然博物館の窓口で申し込みできる（1日パス1200円）。

駐車場

湖畔の駐車場はほとんどが有料。便利なのは華厳ノ滝、船の駅中禅寺そばの県営駐車場。

---

to do 3　アクティブ派ものんびり派もOK！中禅寺湖で遊ぶ

中禅寺湖での遊びが進化中！遊覧船でのクルーズやボートに加え、SUPまで登場。いろいろな遊び方ができるように。

━ アクティブ派 ━
スタンドアップパドル（SUP）

ボードの上に立ち、パドルを漕いで進むアクティビティSUP。手ぶらで参加でき、ガイド付きなので初心者でも安心。

● ツアーinfo ●
[催行] 4月下旬～11月の10:00～、13:30～
[所要時間] 1時間45分
[料金] 7000円（ウェットスーツレンタルは別途500円）

Sup！Sup！
サップ！サップ！

☎090-1537-6752　㉓4月中旬～11月の10:00～17:00　㊡期間中無休　㊟集合場所は中禅寺湖ボートハウス。JR・東武日光駅から東武バスで1時間、バス停「中禅寺金谷ホテル前」下車、徒歩すぐ　🚗30台
[中禅寺湖周辺] ▶MAP 別 P.4B-2

━ のんびり派 ━
中禅寺湖クルーズ

中禅寺湖を回るクルーズ船。船の駅中禅寺を出発し約1時間かけて湖を一周する。途中、八丁出島のそばを通り、特に秋の紅葉時は美しい光景が見られる。

中禅寺湖クルージング
ちゅうぜんじこクルージング

🏠日光市中宮祠2478　☎0288-55-0360　㉓4月中旬～11月の1日5～7便（船の駅中禅寺発。臨時便あり）㊡期間中無休　㊟一周フリー乗船券（乗り降り自由）1680円　🚃JR・東武日光駅から東武バスで50分、バス停「船の駅中禅寺」下車、徒歩すぐ　🚗有料276台（県営湖畔第1・第2駐車場）
[中禅寺湖周辺] ▶MAP 別 P.4B-1

---

to do 4　旧外国大使館別荘で優雅な気分に浸る

中禅寺湖は、かつて外国大使たちの別荘地として人気だった。湖畔にはイギリスとイタリア、2つの大使館別荘が残っている。

1 昭和3（1928）年建造の木造の建物。2色の板を組み合わせた外観は、今見てもモダン 2 竹を用いるなど和の要素もある 3 湖に面した広縁

湖畔にある旧別荘
イタリア大使館別荘記念公園
イタリアたいしかんべっそうきねんこうえん

昭和3（1928）年建造の旧イタリア大使館別荘。2階建てで、1階には居間や書斎、2階には眺望のいい大使の間などがある。

🏠日光市中宮祠2482　☎0288-55-0880　㉓4～11月の9:00～17:00（4月、11/11～30は～16:00）㉓4月の月曜（祝日の場合は翌日）㊟入場300円　🚃JR・東武日光駅から東武バスで50分、バス停「中禅寺温泉」下車、徒歩35分　🚗141台
[中禅寺湖周辺] ▶MAP 別 P.4B-2

😊 日光

📷 TOURISM

🍴 EAT

🛍 SHOPPING

🎵 PLAY

🚶 WALK

👣 イタリア大使館別荘記念公園へは10月～11月中旬にかけてのみ中禅寺温泉からバスが運行。

77

PLAY

さわやかな高原の原っぱ

戦場ヶ原ゆるハイク

湿地に森、滝と、奥日光の自然の魅力がギュッと詰まった戦場ヶ原を歩こう！
春から秋なら気候もよく、気軽に歩くことができる。

たくさんの植物を眺めながら
緑の中をのんびり歩こう！

運がよければ動物に会えるかも！

Check!

東武バスで駐車場へ戻る
ハイキング終点の湯滝からは、東武バスで赤沼へと戻ろう。バス時刻は要事前チェック。

ハイキングのハイライトとなる自然研究路

古代の神の合戦場
戦場ヶ原
せんじょうがはら

面積約400ヘクタールの大湿原。男体山の神と赤城山の神が争った場所という言い伝えがある。いくつものハイキングコースがあり、定番は赤沼から自然研究路を通って湯滝に抜けるコース。

🏠 日光市中宮祠　☎0288-22-1525（日光市観光協会）　⑲散策自由　🚃JR・東武日光駅から東武バスで1時間10分、バス停「赤沼」下車、徒歩すぐ　🅿200台（赤沼駐車場）
中禅寺湖周辺 ▶MAP 別P.4A-2

HIKING ROUTE
距離 約5km　所要時間 約1時間45分

戦場ヶ原 赤沼～湯滝コース

START! → ① 赤沼自然情報センター →500m・5分→ ② 自然研究路 →2.4km・1時間→ ③ 泉門池 →1.2km・25分→ ④ 小滝 →800m・15分→ ⑤ 湯滝 GOAL!

戦場ヶ原ハイキングMAP

🚻…トイレ　┈┈…ハイキングコース　─…その他のハイキングコース　━…バスルート

湯元温泉　湖畔前　湯ノ湖　湯滝入口　光徳牧場　光徳温泉　光徳沼　⑤湯滝 GOAL　④小滝　湯川　逆川橋　光徳入口　小田代橋　③泉門池　120　1405.8m　青木橋　戦場ヶ原　三本松 START　展望台　②自然研究路　①赤沼自然情報センター　赤沼　赤沼車庫　小田代原　石楠花橋　中禅寺湖

❶ 赤沼自然情報センターからスタート！

国道120号から少し入った場所にある。駐車場、バス停ともすぐそば。ここから看板に従って自然研究路へと入ろう。途中から木道になっていて歩きやすい。

歩きやすい靴で来てね

赤沼自然情報センター
あかぬましぜんじょうほうセンター

🏠 日光市中宮祠2494　☎0288-55-0880(日光自然博物館)　🕐4/24〜11/30の8:00〜最終バス到着時間(展示スペースは9:00〜)　🈺期間中4月の月曜

最初は白樺の林の中を歩いて行く

❷ 木道で歩きやすい！自然研究路をてくてく

白樺林を抜けると視界が開け、湿原の真ん中に設置された自然研究路を歩く。勾配もほとんどなく、途中川に沿ってゆるやかにカーブするが一本道。正面には山々がそびえ、眺めもよい。

正面に外山や白根山などを眺めながら歩く

❸ 泉門池でひと休み
いずみやどいけ

自然研究路から分岐を過ぎたあたり。湿地帯の西の端にある池。樹木に囲まれた池は澄み切っていて、まるで絵画のような美しさ。自然研究路の途中にあるので、休憩するのにぴったり。

そばにはベンチも設置されている

❹ 小滝到着！湯滝まであと一歩！
こたき

平原が続く湿地帯を抜けて、森の中へ。湯川にある小滝まで来ると、ゴール地点まではあと少し。なお、2019年秋の台風の影響により、泉門池から小滝までは迂回路を通ることになる。

小さいが美しい滝

❺ 湖から落ちる湯滝でフィニッシュ！

ハイキングは豪快に流れ落ちる湯滝でフィニッシュ！滝壺のすぐそばまで近寄って、マイナスイオンを全身に浴びてリフレッシュしよう。近くにはレストハウスや売店、トイレもある。

轟音を立てて流れ落ちる

🔲 What is

奥日光の花々

変化に富んだ地形の奥日光では、さまざまな花が咲く。特に戦場ヶ原で見られるのは以下。

···· アズマシャクナゲ ····

主に東北、関東の亜高山帯で見られる低木。可憐なピンク色の花を咲かせ、春の到来を告げてくれる。

5月中旬〜6月上旬

···· ワタスゲ ····

白い綿毛を付け、別名「スズメノケヤリ」。湿地帯を埋め尽くすワタスゲは、戦場ヶ原を代表する風景。

6月上旬〜下旬

···· アヤメ ····

ワタスゲのあとに湿地帯に咲くのがアヤメ。戦場ヶ原の西に広がる小田代原では群落も見られる。

6月中旬〜7月下旬

···· ノアザミ ····

長い茎の先に小さな紫色の花を付けるノアザミ。自然研究路沿いではニッコウアザミも咲く。

7月中旬〜8月中旬

···· ホザキシモツケ ····

薄紅色の小さな花が連なって咲くホザキシモツケ。戦場ヶ原では大群落が見られることもある。

7月上旬〜8月上旬

+1時間30分で

湯ノ湖へハイキング

湯滝からさらにその先へ足を延ばすと、湯ノ湖を一周するハイキングコースに出る。滝から東湖畔を30分ほど歩けば湯元温泉へと到着する。

木道なので気軽に歩ける

サイドバー:
日光 / 📷 TOURISM / 🍴 EAT / 🛍 SHOPPING / 🎵 PLAY / 🚶 WALK

EAT

レイクビュー or グリーンビュー？
中禅寺湖畔でベストビューランチ！

中禅寺湖でのランチなら、湖畔のレストランで決まり！食事はもちろん、眺めもごちそうな
レストランを3軒ピックアップ。地場食材を使った料理が味わえるのもうれしい限り。

レイクビュー × 洋食

BEST VIEW

湖を見渡す特等席
窓側の席からは中禅寺
湖が一望！ペットOKの
テラスも湖ビュー。

湖見ながら
お食事☆

とちぎ和牛の手ごねハンバーグランチ2600円。つなぎを使わないため肉の旨みをダイレクトに感じられる。

湖ビュー度はNo.1！
レストランメープル

とちぎ和牛やマスなど、栃木県の食材を使った洋食が味わえる。カナダのリゾートをイメージしたという店内には石組みの暖炉や吊り下げ式のランプがあり、雰囲気満点。

🏠 日光市中宮祠2482 ☎0288-55-0713 営10:00～17:00（時季により変動あり）休無休 JR・東武日光駅から東武バスで50分、バス停「中禅寺温泉」下車、徒歩10分 🚗20台
中禅寺温泉
▶MAP 別 P.4B-1

お待ちしております

1湖の目の前で、広々とした駐車場を備える 2店内にはオーナーの趣味であるアンティークのカメラも 3天井から下がるシャンデリア 4中禅寺湖を思わせるオブジェも

グリーンビュー × 洋食

金谷ホテル百年ライスカレー
（ビーフ）2800円

森の中にあるカナディアンログ
ハウス

BEST VIEW

木々に囲まれた
テラス席
中禅寺湖を見下ろす森
の中で食事できる。イ
ンテリアもかわいい♡

ログハウスのレストラン
コーヒーハウス ユーコン

中禅寺湖畔に佇むログハウスのレストラン。伝統のカレー
や日光周辺でとれる食材を使ったカナヤコッペサンドが
食べられる。中禅寺湖を見下ろすテラス席も気持ちがいい。

🏠 日光市中宮祠2482 ☎0288-55-0147 🕚11:30〜
15:00LO 🈲無休（時季により不定休）🚃JR・東武日光駅
から東武バスで1時間、バス停「中禅寺金谷ホテル前」下
車、徒歩3分 🚗30台 中禅寺湖周辺 ▶MAP 別 P.4B-2

金谷ホテル養鱒場直送
ヤシオマスのフライサ
ンド 2400円

BEST VIEW

窓際から
ガーデンと湖を
窓のすぐ外が中禅寺
湖！夏には庭のガーデ
ンに花が咲く。

レイクビュー × フレンチ

メインにポタージュ、パンorライス、デザー
ト、コーヒーが付くAコースランチ2530円
〜。メインは虹鱒のムニエル シェ・ホシ
ノ風

スタイリッシュな内装

湖見ながらカジュアルフレンチ
欧州浪漫館 シェ・ホシノ
おうしゅうろまんかん シェ・ホシノ

マスや湯波などの地元食材を使った創作フレ
ンチを提供。ランチのコースは2種類あり、メ
インやオードブルを選ぶプリフィックスタイプ。
カレーやパスタなどのアラカルトもある。

出入口から眺めた中禅寺湖

🏠 日光市中宮祠2478 ☎0288-55-0212
🕚11:30〜14:30LO、18:00〜20:00LO 🈲木
曜 🚃JR・東武日光駅から東武バスで50分、
バス停「中禅寺温泉」下車、徒歩10分 🚗5台
中禅寺温泉 ▶MAP 別 P.4B-1

💬 レストランメープルの店内には、中禅寺湖の風景写真も飾られている。

81

PLAY

初夏のニッコウキスゲを求めて
天空回廊で高原を散策♪

標高1300mオーバーに設置された、天空の回廊を歩こう。春から秋にかけて高原の花畑が広がり、夢のような景色に。種類豊富な花が咲くが、特に有名なのがニッコウキスゲ。

2 天空回廊へ！最初はなだらか〜♪
🏔1345m〜 　👣1段目〜

木道の天空回廊をひたすらに歩く。最初は緩斜面のため、階段もきつくなく比較的歩きやすい。6月下旬から7月にかけては、左右の緑地帯に黄色いニッコウキスゲが咲き乱れる。

無理せず休みながら歩こう

START! **GOAL!**

❶ レストハウスからハイキングスタート！
🏔1345m 　👣0段目

駐車場やバス停の近くにあるレストハウスのすぐ横から天空回廊へ入れる。途中まではゆるやかな散策路も設けられている。ニッコウキスゲ以外の花はこちらのほうがきれい。

駐車場は数力所ある

❸ 半分ちょいで避難小屋。ここから急勾配に
🏔1449m 　👣690段目

避難小屋を過ぎると、傾斜がきつくなり目の前にそびえるような急階段が続く。途中には展望デッキが3カ所設けられているので、景色を眺めて休憩しながら歩くといい。

ここからかなりきつくなるので心づもりを

❹ 小丸山展望台到着！もう足がパンパン〜
🏔1582m 　👣1445段目

1445段の階段を上り切ると、ゴール地点の小丸山展望台へと到着する。トレイルはさらに先の小丸山頂へ延びているが、天空回廊はここでフィニッシュ。登山者以外はそのまま引き返そう。

スタートでゴール到達 1,445段 / 1445段目

1445段、お疲れ様〜

展望台から周囲を一望できる

82

雲の上の回廊を歩いて
霧降り注ぐ高原の大地へ

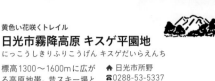

黄色い花咲くトレイル

日光市霧降高原 キスゲ平園地

にっこうしきりふりこうげん キスゲだいらえんち

標高1300〜1600mに広が
る高原地帯。昔スキー場と
して利用されたが、現在は
ハイキングコースとなって
いる。赤薙山の斜面に沿っ
て天空回廊という1445段
の階段が備えられている。

⌂ 日光市所野
☎ 0288-53-5337
⊛ 散策自由
⊗ JR・東武日光駅から東武バス
で30分、バス停「霧降高原」下
車、徒歩すぐ
🚗 160台
霧降高原 ▶MAP 別P.5D-1

HIKING ROUTE	距離 🚶 往復約1km
	所要時間 ⏱ 往復約1時間30分

キスゲ平園地 天空回廊

START!
① レストハウス
▷ 1分
② 天空回廊
▷ 30分
③ 避難小屋
▷ 20分
④ 小丸山展望台
GOAL!

What is

ニッコウキスゲ

黄色いラッパのような花を
付ける多年草。別名をゼン
テイカという。開花シーズ
ンはだいたい6月下旬〜
7月上旬頃。

HPで開花状
況をチェック
できる

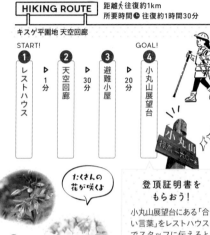

たくさんの
花が咲くよ

ニッコウキスゲ以外にもさまざま
な花が咲く。左は7月のコバギボ
ウシ、右は5月に咲くシロヤシオ

登頂証明書を
もらおう!

小丸山展望台にある「合
い言葉」をレストハウス
でスタッフに伝えると
登頂証明書がもらえる。

KIRI FURI

かわいい
スタンプ入り

天空回廊の横にはなだらかな散策路もある

キスゲ平園地ハイキングMAP

大笹牧場・川俣方面

八平ヶ原

赤薙山・丸山
小丸山
1600m 1445段
回転扉
1360段
GOAL 1184段
④ 小丸山展望台 955段
展望デッキ ③ 避難小屋
展望デッキ 回転扉
展望デッキ 578段
② 348段
179段
1500m 散策路
ゆきんこ広場
1400m 展望広場
START
① レストハウス
霧降高原
日光街道
P3
P1 P2

169

🚻…トイレ ▨▨…天空回廊 ──…散策路

N 0 50m

TOURISM

日光ICから霧降高原へ
高原ドライブで絶景さがし

心を震わす絶景を求めて、霧降高原をドライブ！滝や牧場の合間には、天空回廊での
ハイキングも楽しんで。アウトドアまで楽しめる欲張りコースへ、いざ！

START!

日光IC

5km
10分

日光三名瀑の1つ
❶ 霧降ノ滝
きりふりノたき

山肌を滑るように流れる滝。滝は2段に分かれており、1段目は落差25m、2段目は落差26m。下段の滝がまるで霧を降らせるかのように水が岩に当たり飛び散る様子からこの名になった。

🏠 日光市所野 ☎0288-22-1525（日光市観光協会）⊗散策自由 ⊗JR・東武日光駅から車で10分、駐車場から徒歩15分 🚗25台
霧降高原 ▶MAP 別P.5E-2

徒歩
すぐ

滝やハイキングコース、牧場に立ち寄りさわやかな高原を走り抜ける

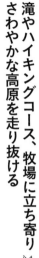
駐車場から観瀑台までは15分ほど歩く

Green Season
夏は木々が生い茂り、観瀑台からだとわずかに滝の上部と下部が見える

観瀑台から滝を遠望！

Red Season
秋の紅葉の名所としても知られる。パッチワークのような森の中を滝が流れる

北米のグリル料理が味わえる
❷ 山のレストラン
やまのレストラン

霧降ノ滝の駐車場にある。森の中のログハウスで、北米をイメージしたパワフルなグリル料理が味わえる。大きな窓からは森が眺められる。夏にはテラス席もオープンする。

2km
5分

🏠 日光市所野1546 ☎0288-50-1525 ⊗11:00〜19:00 ⊗水曜 ⊗霧降ノ滝駐車場から徒歩すぐ 🚗100台
霧降高原 ▶MAP 別P.5E-2

しんやりおいしい

6.5km
10分

ポークリブの和風グリル2860円。スープやサラダ、ライスorパン、デザート、コーヒーor紅茶付きのAセットは＋1650円

とちおとめのピューレを使ったイチゴ800円

日光天然氷のかき氷
❸ カフェアウル

日光天然氷の氷室、四代目徳次郎直営のかき氷カフェ。イチゴをはじめ栃木のフルーツを使った蜜も美味。ミルクは栃木県産のものを使用している。

🏠 日光市所野1535-4 チロリン村内 ☎0288-54-3355 ⊗10:00〜15:00 ⊗月〜金曜（8月は火曜のみ）⊗JR・東武日光駅から車で10分 🚗50台
霧降高原 ▶MAP 別P.5D-2

周囲を自然に囲まれている

森に囲まれた贅沢ランチ
文字通り、山の中のレストラン

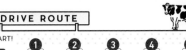

DRIVE ROUTE

START! 日光IC ▷ 5km 10分 ▷ ❶霧降ノ滝 ▷ 徒歩すぐ ▷ ❷山のレストラン ▷ 2km 5分 ▷ ❸カフェアウル ▷ 6.5km 10分 ▷ ❹日光市霧降高原キスゲ平園地 ▷ 9km 15分 ▷ ❺日光霧降高原大笹牧場 ▷ 20km 30分 ▷ ❻道の駅日光ニコニコ本陣ニコニコマルシェ ▷ 1km 3分 ▷ GOAL! 今市IC

🗒 How to

簡単ドライブNAVI

コースは最初、市街地を通るが、霧降ノ滝から北へ行く県道169号は急斜面に。つづら折りのカーブもあるので、運転に気をつけて。随所に無料の専用駐車場あり。

天空回廊をハイキング

❹日光市霧降高原 キスゲ平園地

にっこうしきりふりこうげん キスゲだいらえんち

絶景ハイキングを楽しもう

高原の斜面にあるハイキングコース。天空回廊と呼ばれる1445段の階段がメインで、春から秋には高山植物が咲く。初夏のニッコウキスゲが特に有名。

→P.82

高原にある観光牧場

❺日光霧降高原 大笹牧場

にっこうきりふりこうげんおおざさぼくじょう

9km 15分

霧降高原にある広大な牧場で、ジンギスカンが名物のレストランや自社牧場のミルクを使ったおみやげを扱うショップを併設している。乗馬などのアクティビティも楽しめる。

🏠 日光市瀬尾大笹原3405 ☎0288-97-1116 🕐8:45～16:45(12・3月は9:00～16:30、1・2月は9:30～16:00) 🚫1・2月の水・木曜 🚃JR・東武日光駅から車で40分 🅿600台

霧降高原 ▶MAP 別P.5D-1

放牧されている牛を見ることもできる

も〜

グルメ＆おみやげ!

搾りたてのミルクたっぷりのソフトクリーム
480円

760円
ブラウンスイス牛の牛乳100%の生ミルクジャム

うしのバターサブレ。6枚入り
1300円

290円
ブラウンスイスヨーグルトドリンク(150mℓ)

20km 30分

今市ICにも近い道の駅

❻道の駅日光 日光街道 ニコニコ本陣 ニコニコマルシェ

みちのえきにっこう にっこうかいどう ニコニコほんじん ニコニコマルシェ

今市の町なかにある道の駅。定番から新製品まで日光の特産品を扱っており、おみやげのまとめ買いにぴったり。人気の金谷ホテルベーカリーも入っている。

🏠 日光市今市733-1 ☎0288-25-5557 🕐9:00～18:00 🚫第3火曜(祝日の場合は変動あり) 🚃JR今市駅から徒歩10分 🅿71台

今市 ▶MAP 別P.5E-3

同じ敷地内にレストランやコンビニ、観光案内所もある

牧場で乗馬体験

サラブレッドやポニーに乗れる体験乗馬。ひき馬で、ショートとロングの2コースがある。

サラブレッド乗馬は10歳以上から

🕐土・日曜・祝日および夏休み期間の10:00～14:30、要予約 💴ひき馬1000円～、道産子＆ポニートレッキング7000円

600円
上澤梅太郎商店のたまり漬。右はピリ辛らっきょうのピリ太郎、左は七種きざみあわせ だいみらん

680円

770円

各486円
日光湯波おかき。一味唐辛子、塩、醤油の3種類

日光の老舗、吉田屋の一口羊羹

1km 3分 ♪

今市IC

GOAL!

右側のタブ: 日光 / TOURISM / EAT / SHOPPING / PLAY / WALK

WALK

交通の要衝として栄えた門前町

今市駅周辺で下町さんぽ

今市は、かつての日光街道の宿場町。京都と会津を結ぶ街道の交差する場所でもあり、古くから交通の要衝として発展してきた。老舗や名店は、日光よりもむしろこちらのほうが多い。

EAT　SHOPPING

01 清らかな水が育むグルメを楽しむ

今市は、天然水が湧き出す「水の里」。このおいしい水を使った名物グルメをご紹介。町には自由に利用できる水汲み場が点在する。

02 日本酒

日本酒には、おいしい水が欠かせない。100％日光の水で仕込む酒は、まさに日光の「誉れ」。

01 かき氷

日光連山の湧き水を自然のままに凍らせて作る、日光の天然氷。氷自体のおいしさを感じて。

純米酒の酒粕入りのバウムクーヘン
1300円

純米吟醸
日光誉
720ml
1800円

井戸から仕込み水を飲むこともできる

A 天然氷のかき氷専門店
松月氷室
しょうげつひむろ

今市にある氷室直営のかき氷屋さん。1年を通して天然氷のかき氷が味わえる。
→P.18

こんもりした氷はSNS映えも満点！

B 伝統の酒蔵直営店
渡邊佐平商店
わたなべさへいしょうてん

今市に2軒ある酒蔵のうちの1軒。敷地内で湧く水を使い、伝統の製法で酒を造る。定番の純米吟醸、日光誉をメインに季節限定の生酒も販売。

🏠 日光市今市450
☎ 0288-21-0007
🕐 8:00〜18:00　休無休
🚃 JR今市駅から徒歩10分
🅿 10台
今市 ▶ MAP 別P.5E-3

03 そば

天然水で使って手打ちするそば。町内にはたくさんのそば店があり、「日光そば街道」と呼ばれる。

日光例幣使そば街道の有名店

C 杉並木そばの古民家
報徳庵
ほうとくあん

杉並木公園内にある古い農家を利用。食事時には行列必至の人気店。
→P.63

農に座ってそばを堪能

今市駅周辺おさんぽMAP

報徳庵
C 東武上今市駅
杉並木公園
瀧尾神社

汁飯香の店
隠居うわさわ
D 121 道の駅日光
日光街道ニコニコ本陣
ニコニコマルシェ

A 松月氷室

報徳二宮神社
E 玉藻小路

東武下今市駅

B 渡邊佐平商店

JR今市駅

02 EAT
庭園付きの奥屋敷で朝食を

江戸創業のたまり漬店「上澤梅太郎商店」の隠居屋敷を利用。おいしいごはんに味噌汁、お漬物。シンプルなのに豊かな朝食がここに。

すぐそばにたまり漬の店、上澤梅太郎商店がある

D

たまり漬本家の新形態
汁飯香の店 隠居うわさわ
しるめしこうのみせ いんきょうわさわ

日光味噌や日光みそのたまり漬の醸造元で知られる上澤梅太郎商店直営の朝ごはん専門店。昼すぎまで営業しているので、ランチにもおすすめ。

🏠 日光市今市487 ☎0288-25-5844
🕐8:30〜13:00LO 休火〜金曜 🚃東武下今市駅から徒歩10分 🚗30台
今市 ▶MAP 別P.5E-3

静かな時間が流れます

庭園を見ながら優雅に朝食を食べよう

土鍋炊きのごはんに具だくさんの味噌汁、漬物、食後の菓子が付いた汁飯香1800円

---

03 SHOPPING
昔ながらの長屋町でお買い物クルーズ

道の駅の脇にある、かつての長屋。外観は昔の姿のままに残しながら、内装をリノベーション。4つの店が入っている。

外観は当時のまま

わずか30mほどの道に店がひしめく

E

長屋がアーケードに！
玉藻小路
たまもこうじ

🏠 日光市今市754 金次郎長屋 営休店舗により異なる 🚃JR今市駅から徒歩10分 🚗71台(道の駅日光 ニコニコ本陣駐車場利用)
今市 ▶MAP 別P.5E-3

玉藻小路の注目3軒

かわいい手ぬぐいが揃う
唐草
からくさ
・1100円

今市にある呉服店が経営する、カラフルな手ぬぐいの専門店。オリジナルから仕入れまでさまざまな手ぬぐいが手に入る。

日光の名所がプリントされた日光てぬぐい

常時50種類以上の手ぬぐいが並ぶ ・880円〜

☎0288-21-1245(石田屋呉服店) 🕐11:00〜17:30 休月・火曜、不定休

さつきポークの具だくさんガレット(ドリンク付き)

2200円

日光珈琲 玉藻小路
にっこうこーひー たまもこうじ

今市のそば粉を使ったお食事クレープやオムライスなどと、ケーキプレートも。自家焙煎珈琲はブレンドとシングルオリジン各660円。

☎0288-22-7242 🕐11:00〜19:00 休第1・第1・3火曜(祝日の場合は翌日)

暮らしに花を取り入れる
エン ハナトクラシ

長屋の花屋。生の切り花のほか、ドライフラワーや植物由来の雑貨も販売している。プリザーブドフラワーを使ったオリジナルの装飾品は、すべて一点物。

ドライフラワーに囲まれたナチュラルな店内

☎0288-87-4346 🕐11:00〜17:00 休日・月曜

JR今市駅と東武下今市駅の距離は約700m。徒歩で10〜13分、バスだと4分ほど。

鬼怒川温泉

PLAY

鬼怒川の渓谷美を眺めながら

ウォーターアクティビティにチャレンジ!

鬼怒川の渓流で行われるウォーターアクティビティに注目!
癒やし系から絶叫系までさまざまなアクティビティがあり、好みで選べるのがうれしい。

渓谷を歩き、滝ベダ〜イブ☆

アクティブに遊びたい人はコレ!

滝壺に
ジャンプ☆

フランス生まれの究極の癒やし系アドベンチャー

 A **キャニオニング**

鬼怒川の清流を舞台にした、沢下りを楽しむ。ツアーの途中には滝壺へ飛び込んだり、岩でできた天然のウォータースライダーを滑ったりと、アドベンチャー感も満載だ。

・ツアーinfo・

催行	6〜10月の9:00、13:00
所要時間	3時間
料金	8000円 (保険料500円別途)
持参するもの	水着または濡れてもいい下着、バスタオル

中学生以上　2名から

🗒 **How to**

キャニオニングの流れ

基本的な流れは以下。水着はあらかじめ下に着ておくと楽。着替えは忘れずに。

STEP 01

オフィスに集合して受け付け。ウェットスーツやヘルメット、ライフジャケットは貸してもらえる

STEP 02

着替えたら、車に乗って川へ移動。同行してくれるガイドから注意事項やレクチャーを受ける

STEP 03

いざ、川の中へ!自然のスライダーを滑ったり、滝壺へ飛び込んだりと大自然を満喫!

STEP 04

最後は滝壺でリラックスタイム。ツアーが終わったら車に乗ってNAOCのオフィスへと戻る

きちんとレクチャーして
くれるので初心者も安心

急流を乗り越えたら
みんなでお祝い！

チームワークが
肝心なの

白波立つ瀬を越え激流を進む
実はチームワークがとっても大事！

B ラフティング

急流をゴムボートで下るスリル
満点のアクティビティ。ボート
は定員8人で、力を合わせてパ
ドルを漕ぎ障害物を避けてゆ
く。途中で岩から川へのダイブ
も楽しめる。

• ツアーinfo •

催行	4〜11月の9:00、13:00
所要時間	3時間
料金	8300円（保険料500円別途）
持参するもの	水着または濡れてもいい下着、濡れてもいい靴（ビーチサンダル不可）、バスタオル

小学生以上 2名から

激流の中を進む人気アクティビティ

C ライン下り

高さ100mを超える渓谷を
眺めながらの舟下り。川に
ある岩をすり抜け、ところ
どころある激しい水しぶき
を上げる急流を越える。ハ
イライトは見上げるほど大
きな楯岩。

• ツアーinfo •

催行	4月中旬〜11月下旬の9:00〜15:45（1日12便）
所要時間	1時間10分
料金	3200円

1歳からOK

舟で急流を下るアクティビティ
船頭の櫂さばきに惚れる！

船頭さんの
櫂さばきに注目

濡れる心配もそれほどな
いので、普段着でOK

昔ながらのスタイルで
川を下る

周囲の景色もじっくりと楽しもう

ここで体験できます！

川遊びならおまかせ！

A B NAOC
ナオック

鬼怒川を舞台にしたアクティビティを多数催行している。温
泉街の外れにオフィスがあり、ツアーはオフィスに集合して
から専用車でスタート地点へと移動する。

🏠 日光市鬼怒川温泉滝871-2　☎0288-70-1181　⏰8:00〜
21:00　㊡期間中無休　🚃鬼怒川温泉駅から車で8分（送迎あ
り）　🚗30台　鬼怒川温泉　▶MAP 別 P.11E-1

鬼怒川の名物アクティビティ

C 鬼怒川ライン下り
きぬがわラインくだり

乗り場はオフィスに直結。川下りは所要約40分で、ゴール地
点についたあとはバスで鬼怒川温泉駅や駐車場まで送ってく
れる。冬季は運航休止となる。

🏠 日光市鬼怒川温泉大原1414　☎0288-77-0531　⏰4月中
旬〜11月下旬の8:30〜17:00　㊡期間中無休　🚃鬼怒川温泉
駅から徒歩5分　🚗有料150台　鬼怒川温泉　▶MAP 別 P.11D-3

ラフティングは、雪解け水が大量に流れ込む春がベストシーズン。

鬼怒川温泉

WALK

渓谷に沿って宿が立ち並ぶ温泉地

鬼怒川温泉で温泉さんぽ

栃木を代表する、温泉地を歩こう。鬼怒川温泉駅を中心としたエリアには、
絶景スポットに、グルメにと楽しみいっぱい。

大人数が渡るとぐらぐら揺れる

TOURISM
吊り橋&巨岩の上から
絶景ウォッチ

まずは、絶景を一望する展望地へ行ってみよう。全長140mの橋の上からは、鬼怒川渓谷が一望できる。しかも無料なんて、最高だ。

A 鬼怒川に架かる大吊橋

鬼怒楯岩大吊橋

きぬたていわおおつりばし

鬼怒川に架けられた、歩行者専用の吊り橋。橋の反対側からは全長100mの大岩、名勝「楯岩」の上に行くことができ、楯岩展望台には縁結びの鐘もある。

🏠 日光市鬼怒川温泉大原 ☎0288-22-1525（日光市観光協会）🕐散策自由
🚉鬼怒川温泉駅から徒歩12分 🚗26台

鬼怒川温泉 ▶MAP 別P.11D-3

橋を渡った先には縁結びと子宝にご利益のある楯岩鬼怒姫神社がある

橋の上から渓谷と名勝「楯岩」を見渡す

鬼怒川温泉おさんぽMAP

ふれあい橋
（歩行者専用）

栃木地酒館
登屋本店 **D**

鬼怒川ライン下り

鬼怒川金谷ホテル

pizzeria di sapore **E**

日光きぬ川ホテル三日月

鬼怒川・川治温泉 **C** 栄屋製菓

B はちやカフェ

観光情報センター

鬼怒川温泉駅

鬼怒川

鬼怒楯岩大吊橋

A

121

🔖 **How to**

鬼怒川温泉
おさんぽの楽しみ方

"映え"スポットめぐり

ふれあい橋には高さ45mの鬼怒太の巨大絵が。一本北にあるくろがね橋には河川遊歩道があり、鬼怒川が目の前に。

鬼怒川温泉七福邪鬼めぐりスタンプラリー

橋めぐり・温泉街が散策できるスタンプラリー。スタンプを集めて楽しもう。

疲れたら
足湯で休憩

東武鬼怒川温泉駅の前には、足湯・鬼怒太の湯がある。疲れたらここで休憩しよう。（無料）

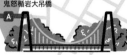

02 おさんぽ途中に甘いものを買い食い☆

おさんぽに欠かせないのが、甘いもの☆昔ながらの温泉まんじゅうと、最近人気のバウムクーヘン。悩むならどっちも食べちゃって！

B 工房併設のバウムカフェ
はちやカフェ

白ベースのおしゃれな店

バウムクーヘン工房はちや併設のカフェ。自家製バウムクーヘンをさまざまなスタイルで味わえる。おすすめはバウムソフト。

🏠 日光市鬼怒川温泉大原1396-43 ☎0288-77-1453 ⏰9:00〜16:45 🈚無休 🚃鬼怒川温泉駅から徒歩すぐ 🅿10台
鬼怒川温泉 ▶MAP 別P.11E-3

550円

バウムソフト（とちおとめ）

C 名物の温泉まんじゅう
栄屋製菓
さかえやせいか

レトロな外観

1個100円

温泉まんじゅう。栗入りは1個160円

東武鬼怒川温泉駅のすぐそばにある。定番の温泉まんじゅうは、小倉あんと栗の2種類。セットでもバラでも購入できる。

🏠 日光市鬼怒川温泉大原1396-15 ☎0288-77-0295 ⏰8:45〜17:00 🈚不定休 🚃鬼怒川温泉駅から徒歩3分 🅿なし
鬼怒川温泉 ▶MAP 別P.11E-3

03 日本酒バーで栃木の地酒を飲み比べ

 NICE!

散策の途中に、栃木の日本酒で乾杯しよう！定番からレアまで30種類もの地酒が揃い、グラスで少しずつ味わう。

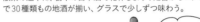

すっきりとしておいしい！

栃木の地酒がずらり。なかには激レアな銘柄も

カウンターでの立ち飲みスタイル

日光の地酒飲み比べセット750円。ほかさまざまなセットがある

D 酒屋さん併設の地酒バー
栃木地酒館 登屋本店
とちぎじざけかん のぼるやほんてん

迷ったらスタッフに聞いてみてください

栃木県の地酒が飲める日本酒バー。酒屋の奥にカウンターがあり、3種類の飲み比べセットのほか単品で飲むことも可能。

🏠 日光市鬼怒川温泉大原1060-162 ☎0288-77-0305 ⏰9:30〜18:00 🈚水曜 🚃鬼怒川温泉駅から徒歩8分 🅿3台
鬼怒川温泉 ▶MAP 別P.11E-2

04 地元食材のピッツァをほおばる

温泉地の人気ピッツェリアで、栃木の食材を使った絶品イタリアンを味わおう！もちもちのピッツァ生地はクセになるおいしさ。

E 本格窯焼きナポリピッツァ
pizzeria di sapore
ピッツェリア ディ サポーレ

おいしいピッツァが食べたいならここへ。マルゲリータなど定番以外にオリジナルのピッツァも。コシの強い生パスタを使った鬼怒カルボナーラ1500円も人気。

🏠 日光市鬼怒川温泉大原1396-7 ☎0288-77-1387 ⏰11:00〜16:00 🈚金曜 🚃鬼怒川温泉駅から徒歩3分 🅿6台
鬼怒川温泉 ▶MAP 別P.11E-3

1100円

栃木県産下野牛肉の希少部位イチボをローストした、人気の自家製ローストビーフサラダ

駅から歩いてすぐ

ひと足延ばして 温泉街周辺の見どころへ

ミニチュアで世界旅行！
東武ワールドスクウェア
とうぶワールドスクウェア

wow!

ユネスコの世界遺産に登録されている48物件を含む世界の町や建物を、精巧なミニチュアにして再現したテーマパーク。

🏠 日光市鬼怒川温泉大原209-1 ☎0288-77-1055 ⏰9:00〜17:00（12/1〜3/19は9:30〜16:00) 🈚無休 🚃入場2800円 🚃東武ワールドスクウェア駅から徒歩すぐ 🅿有料1000台
鬼怒川温泉 ▶MAP 別P.10B-3

江戸時代へタイムスリップ
EDO WONDERLAND 日光江戸村
エドワンダーランドにっこうえどむら

江戸の町並みを再現したテーマパーク。町行く人もみな江戸の人。江戸時代の文化を感じられる体験も豊富に揃う。

🏠 日光市柄倉470-2 ☎0288-77-1777 ⏰9:00〜17:00（12/1〜3/19は9:30〜16:00) 🈚水曜（祝日・3/25〜4/7、4/29〜5/5、7/21〜8/31、12/29〜1/5は営業） 🚃入場5800円 🚃鬼怒川温泉駅から日光交通バスで20分、バス停「日光江戸村」下車、徒歩すぐ 🅿有料2000台 鬼怒川温泉 ▶MAP 別P.10A・B-3

😊 鬼怒楯岩大吊橋のたもとには、足湯に浸かりながらスイーツが食べられる足湯カフェがある。

STAY

2023年に創業150周年を迎えた日光金谷ホテルへ！

クラシックホテルで大人ステイ

明治初期に創業した日光金谷ホテルに泊まろう。格式高い空気に包まれれば、
誰もが淑女の気分に。歴史的なホテルでの1泊2日を徹底ルポ☆

本館
明治26(1893)年建造。フロントやバー、ダイニングを備えるメイン棟。

明治から観光客をもてなした歴史と伝統に感動

1 本館出入口の回転ドアの上部にある龍の彫刻。館内のそこかしこに彫刻がある
2 ランプや食器など、歴史を感じさせる調度品にも注目

別館
本館とは対照的な和風な造り。新しいとはいえ建造は昭和10(1935)年。

日光を代表する老舗
日光金谷ホテル
にっこうかなやホテル

日光を代表する名門ホテル。建物は本館、新館、別館、竜宮が登録有形文化財となっている。昔から諸外国のVIPをもてなしてきた、気品と風格を感じたい。

🏠 日光市上鉢石町1300　☎028-54-0001　室数71室　⊗JR・東武日光駅から東武バスで7分、バス停「神橋」下車、徒歩3分
🚗60台
日光市街　▶MAP 別 P.6C-2

料金 1泊2食付き1室8万9000円〜　IN 15:00　OUT 11:00

📖 **What is**

日光金谷ホテルの歴史

明治6(1873)年創業。金谷善一郎が自宅を改装し、外国人向けの宿泊場所としたのが始まり。以降諸外国のVIPを多く受け入れた。イザベラ・バードは著書『日本奥地紀行』の中で「金谷邸」と紹介している。

3 別館ROYAL HOUSE デラックスタイプの客室（イメージ）4 男体山を見渡せる部屋もある

STAY

日光金谷ホテル

温泉宿

スモールホテル

鬼怒川温泉

川治温泉

泊まってみた！

カウンターが高いのは、背の高い外国人に合わせたため

15:00
まずはチェックイン

回転ドアを抜けフロントへ。チェックインを済ませてルームキーを受け取ろう。カウンターのそばには100年ものものランプが置かれている。

16:00
周辺をのんびりと散策

ディナーまでは少し時間があるので、敷地内にある散策路へ。10分程度の大谷川、30分ほどかかる大黒山の2コースがある。

大谷川散策路で川のすぐ横へ。神橋を下から仰ぎ見る

金谷伝統のフレンチのフルコース。日光の食材も

19:00
ダイニングで大人ディナー

本館2階にあるメインダイニングでディナー。美しい彫刻が施された内装に、思わずうっとり。ダイニングはビジターでも利用可能。

→P.61

21:00
バーで過ごす大人タイム

クラシカルな雰囲気のバーでオリジナルカクテルを。真空管アンプから流れるジャズに耳を傾けながら、大人の時間を過ごそう。

オールドバカラのグラスに、氷は日光天然氷を使います

日本をはじめ世界のクラフトジンで作るジントニック1400円〜

ジンや青リンゴリキュールベースの金谷ホテルスペシャル1700円

Bar Dacite
バー・デイサイト
☎17:00〜22:30LO
㊡月・木曜
（時季により変更）

翌朝 7:30
乙女なモーニング

ぐっすり休んだ翌朝は、ホテルのモーニングで一日をスタートさせよう。卵料理をメインとした朝食は、彩り豊かな乙女メニュー。

オリジナルの純米大吟醸 光乃心を使った酒ケーキ1850円

9:00
チェックアウト＆乙女グッズ探し

チェックアウト後は、ギフトショップをチェック。レトロかわいいオリジナルグッズが狙い目。日光らしさ満点で、旅の思い出になる。

卵料理は、オムレツや目玉焼きなど3種類から選べる

金谷ホテルオリジナルピンバッチ 1つ850円

金谷ホテルオリジナル九谷焼「長角皿」2640円

日光金谷ホテルギフトショップ
にっこうかなやホテルギフトショップ
☎8:30〜18:00 ㊡無休

STAY

日帰り入浴もOK！

日光の温泉宿でほっこり

1200年の歴史をもつ名湯
湯元温泉

奥日光の山間、湯ノ湖に面した温泉地。源泉は日本で4番目に濃いとされる硫黄泉で、乳白色のにごり湯。

ゆっくりとつかろう

奥日光にある名湯 湯元のお湯を堪能できる

温泉DATA

泉質	ナトリウム-硫酸塩・炭酸水素塩・塩化物温泉（中性低張性高温泉）
効能	神経痛、冷え性、疲労など

日帰り

時間	12:30〜（終了時間は要問い合わせ）
料金	1000円

緑に囲まれた露天風呂、天女の湯

外観を季節の花が彩る

夕食はとちぎ霧降高原牛も楽しめるオリジナル会席料理

室内はモダンに改装されており居心地がよい

設備充実の温泉ホテル
奥日光高原ホテル
おくにっこうこうげんホテル

湯元温泉にある大型の温泉ホテル。温泉は加水・加温なしの源泉かけ流し。大浴場と中浴場があり、どちらも内湯、露天風呂あり。客室は和室のほか和洋室、ペットと泊まれる部屋など全6種類。

🏠 日光市湯元2549-6 ☎0288-62-2121 室数60室 ⊗JR・東武日光駅から東武バスで1時間30分、終点「湯元温泉」下車、徒歩5分 湯元あり ▶MAP 別P.4A-1

料金	1泊2食付き1名1万3200円〜
IN	15:00
OUT	10:00

250年の歴史がある
湯元板屋
ゆもといたや

かつて日光山輪王寺の定めた湯守（温泉の管理人）をルーツとする、創業250年以上の老舗宿。源泉かけ流しの温泉は、内湯や広々とした露天風呂でのんびりと楽しめる。

🏠 日光市湯元2530 ☎0288-62-2131 室数24室 ⊗JR・東武日光駅から東武バスで1時間30分、終点「湯元温泉」下車、徒歩5分 湯元あり ▶MAP 別P.4A-1

料金	1泊2食付き1名3万6300円〜
IN	15:00	OUT	10:00

輪王寺が定めた湯守 名門の誇る温泉を楽しむ

川魚や山菜など旬の味覚が揃う夕食

和室のほか洋室もある

源泉かけ流しの露天風呂

温泉DATA

泉質	硫化水素泉
効能	リウマチ性疾患・糖尿病・生理不順など

日帰り（要問い合わせ）

時間	12:30〜15:00
料金	1000円

STAY

日光金谷ホテル

温泉宿

スモールホテル

鬼怒川温泉

川治温泉

日光に泊まるなら、温泉宿は外せない。湯元、中禅寺湖、日光と3つの温泉地のおすすめホテルをご紹介。各宿とも日帰り入浴ができるので、ぜひ利用してみて。

What is

日光の温泉

代表的な日光の温泉地は湯元温泉、中禅寺湖、日光温泉の3カ所。最も有名なのは湯元温泉で、開湯は延暦7(788)年。江戸時代には二荒山温泉と呼ばれ、湯守が管理していた。

湯元温泉の外れにある湯ノ平湿原地

湯元から源泉を引いている
中禅寺温泉

中禅寺湖の東・北部の湖畔にある温泉地。湯元温泉からの引湯で、約12kmの距離を経て入浴に適した温度になる。

中禅寺湖畔のリゾート
中禅寺金谷ホテル
ちゅうぜんじかなやホテル

中禅寺湖畔に立つログハウス風のホテル。周囲を森に囲まれ、喧噪から離れてリラックスできる。内湯、露天とも緑を眺めながら入浴できる。伝統を受け継ぐフレンチの夕食も評判。

湖畔に佇む洋風建築は日光を代表するリゾートホテル

森の中のリゾートホテル

カナダ人建築家が設計した洋風建築

客室にバルコニーまたはウッドデッキが付く

別棟にある温泉露天風呂

🏠 日光市中宮祠2482　☎0288-51-0001　室数 57室　🚃JR・東武日光駅から東武バスで1時間、バス停「中禅寺金谷ホテル前」下車、徒歩3分(東武日光駅からシャトルバスあり)　🅿あり

中禅寺湖周辺　▶MAP 別P.4B-2

料金 1泊2食付き1室5万5000円〜(入湯税別)
IN 15:00　OUT 11:00

温泉DATA
泉質 含硫黄カルシウム・ナトリウム−硫酸塩・炭酸水素塩温泉(硫化水素型)(中性低張性高温泉)
効能 神経痛、疲労など
日帰り
時間 13:00〜15:00
料金 1500円

とろりとなめらかな湯
日光温泉

日光市街にある温泉で、開湯が昭和62(1987)年と比較的新しい。お湯は無色透明で、ややとろりとした感触。

東照宮そばで温泉ステイ　美肌に効く天然温泉

香り高い檜の湯船でリラックスできる

東照宮まで徒歩15分
日光 星の宿
にっこう ほしのやど

にぎやかな東照宮の門前町から少し入った場所にある和風旅館。湯船は香り高い檜造りで、緑を見ながら入浴できる。湯上がりには四季折々の景色が楽しめる庭園を散策しよう。

🏠 日光市上鉢石町1115　☎0288-54-1105　室数 21室　🚃JR・東武日光駅から東武バスで7分、バス停「神橋」下車、徒歩3分(宿泊者はJR・東武日光駅から送迎可)　🅿あり

日光市街　▶MAP 別P.6C-2

料金 1泊2食付き1名2万1600円〜(消費税・入湯税込み)　IN 15:00　OUT 10:00

「宿の味」ひきあげ湯波と6種類から選べるKAI SEKI料理

窓の外に自然が広がる純和風の客室

日帰り の入浴施設をチェック!

日光の市営温泉施設。ひっそりした谷間にあり、森や山を眺めながら入浴できる。内湯のほか石造りの露天風呂も評判。源泉は日光和の代表温泉で、無色透明のアルカリ性単純温泉。

日光和の代泉温泉「やしおの湯」
にっこうわのしろおんせん「やしおのゆ」

立ち寄り温泉

🏠 日光市清滝和の代町1726-4　☎0288-53-6611　⏰10:00〜21:00(受付は20:30まで)　休木曜(祝日の場合は翌日)　料入浴700円　清滝ICから車で3分　🅿77台

清滝IC周辺　▶MAP 別P.5D-2

内湯と露天風呂がある

温泉DATA
泉質 アルカリ性単純泉
効能 神経痛、疲労、美肌など
日帰り
時間 12:00〜15:00
料金 1000円

湯元温泉にある日光山輪王寺の別院、温泉寺には薬師湯という温泉があり、観光客でも利用できる(8:00〜16:30受付終了、入浴500円)。

STAY

優雅な気分で極上リラックス

スモールラグジュアリー
ホテルにおこもり♡

自然の中でのんびりとくつろぐなら、客室数が少ないスモールホテルをチョイスしよう。
和風から洋風まで個性的な客室がゴージャスな旅気分を盛り上げてくれる。

星野リゾートブランドの
ラグジュアリーな温泉旅館

＼湖ビューで／
リラックス♪

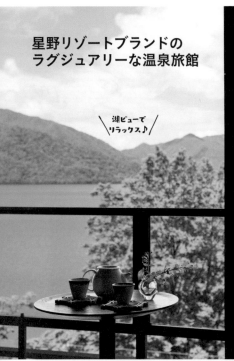

鹿沼組子があしらわれたご当地部屋

☑ **ラグジュアリーPOINT**

日光の伝統工芸が
キラリ

日光下駄や鹿沼組子など、伝統工芸を取り入れたインテリアがおしゃれ。伝統工芸に触れられる体験も随時催行。

中禅寺湖畔の別世界

界 日光
かい にっこう

中禅寺湖の東湖畔にある温泉宿。客室は畳敷きの和室や特別室など全6種類。和漢生薬成分利用のオリジナルアメニティや寝心地にこだわった寝具など細部にまでこだわりあり。

🏠日光市中宮祠2482-1 ☎050-3134-8092 室数33室 ⊗JR・東武日光駅から東武バスで50分、バス停「中禅寺温泉」下車、徒歩10分 🚗あり

中禅寺温泉 ▶MAP 別 P.4B-1

1 季節の会席のほか湯波や和牛を使った特別会席もある　2 総檜造りの貸し切り風呂　3 客室は全室60m²以上で、ほとんどの部屋から中禅寺湖が望める　4 伝統の日光下駄で散策しよう

料金 1泊2食付き 1名3万5000円〜
IN 15:00　OUT 12:00

STAY

日光金谷ホテル

温泉宿

スモールホテル

鬼怒川温泉

川治温泉

スタイリッシュなデザインホテル
日光西町倶楽部 あらとうと
にっこうにしまちくらぶあらとうと

二荒山神社の西参道沿い、伝統とモダンを融合させたスモールホテル。全室スイートタイプ。本館のほか、中庭の先に半露天風呂付きの別邸もある。

🏠 日光市安川町10-9
☎ 0288-53-3636
[室数] 9室
⊗ JR・東武日光駅から東武バスで10分、バス停「西参道入口」下車、徒歩3分
🚗 9台
[西町] ▶ MAP 別 P.6B-2

[料金] 1泊2食付き
1室10万5600円～
[IN] 15:00 [OUT] 12:00

洋風ホテル×天然温泉
個性的なステイならここへ

1夕食は専任のシェフが手がける日光フレンチディナー 2客室はオールスイートで贅沢な造り 3日光温泉を引いた貸し切り温泉 4ライトアップされた夜もきれい

🔲 ラグジュアリーPOINT
個性的なデザインの客室

客室は3つのタイプがある。インテリアには大谷石や杉板など地元の石木材を使用。

水盤に映り込む景色に感動！
温泉と料理にも定評あり

1館内の数カ所に水盤がある 2客室は和室、和洋室、スイート、別邸がある。こちらは「吟龍」和室 3女性用の露天風呂。秋には周囲の木々が紅葉する 4メインダイニングの「蔵」でいただく会席料理

🔲 ラグジュアリーPOINT
水盤アートに注目

庭園と水盤を取り囲むように部屋がある。夜にはライトアップされ、より幻想的な雰囲気に。

フォトジェニックな温泉宿
奥の院 ほてるとく川
おくのいんほてるとくがわ

日光山内の奥座敷にある純和風旅館で、静寂の中で過ごしたい人向け。多くの部屋が露天風呂付き、ほか大浴場や露天風呂、貸し切り露天風呂あり。

🏠 日光市日光2204 ☎ 0288-53-3200 [室数] 22室 ⊗ JR・東武日光駅から東武バスで12分、バス停「日光田母沢御用邸記念公園」下車、徒歩8分（JR・東武日光駅、日光二荒山神社前から送迎あり）🚗 あり
[西町] ▶ MAP 別 P.5D-2

[料金] 1泊2食付き
1室5万9400円～
[IN] 15:00 [OUT] 10:30

4つのタイプから選べる部屋
別邸 向日葵
べってい ひまわり

11室のプチホテル。英国レトロのクラシック館、2階建てのメゾネット館、一戸建てフラット館、古民家をリノベした紫陽花という4タイプがある。

🏠 日光市七里813
☎ 0288-54-2602
[室数] 11室
⊗ JR・東武日光駅から徒歩15分（送迎あり）🚗 10台
[日光IC周辺] ▶ MAP 別 P.5E-2

[料金] 1泊2食付き
1室3万9600円～
[IN] 15:00
[OUT] 11:00（クラシック館は10:00）

英国レトロから古民家まで
さまざまな客室から選べる

1古民家を1軒丸ごと借りる紫陽花 2フラット館の室内 3夕食は箸で食べる和洋創作料理 4英国風の外観のクラシック館

🔲 ラグジュアリーPOINT
個性ある客室

4タイプの客室は、好みや目的、滞在人数を考慮して宿泊する部屋を選ぼう。

STAY

4つの「したいこと」をチェックして

鬼怒川温泉の宿をチョイス！

カップルから友達同士まで、さまざまに対応できる鬼怒川温泉の宿。滞在する目的ごとにおすすめのホテルをピックアップ！好みの宿はどちら？

【 渓谷見ながら贅沢に過ごしたい！ 】

伝統とモダンが心地よく融合した
新感覚ラグジュアリーがスゴイ！

【 小さな宿でしっぽりしたい！ 】

全客室に付く露天風呂で
究極のプライベート感を楽しむ

開放的な四季の湯と古代檜の湯の2種類の大浴場がある

客室は和洋室中心で全4タイプ

1 スイート和洋室から渓谷を眺める 2 落ち着いた雰囲気の客室は自然との一体感を感じられる

1 客室の風呂も温泉を利用。露天付きの大浴場もある 2 フェイシャルや全身マッサージなどが受けられるエステ

和のラグジュアリーリゾート旅館

01 鬼怒川金谷ホテル
きぬがわかなやホテル

鬼怒川温泉を代表する和モダンの宿。「渓谷の別荘」がコンセプトで、しっとりと落ち着いた滞在ができる。すべての部屋から鬼怒川渓谷が眺められる。

⌂ 日光市鬼怒川温泉大原1394　☎0288-76-0001
[室数] 41室　⊚鬼怒川温泉駅から徒歩5分　🚗あり
[鬼怒川温泉] ▶MAP 別 P.11E-3

[料金] 1泊2食付き1室8万3600円～
[IN] 14:00
[OUT] 11:00

温泉街にひっそり佇む

02 若竹の庄 別邸笹音
わかたけのしょう べっていささね

温泉街の外れにある温泉旅館、若竹の庄の別邸。渓流に面した客室は全室半露天風呂付きで、贅沢な時間を過ごせる。和モダンなインテリアも素敵。

⌂ 日光市藤原136　☎0288-76-3000　[室数] 16室
⊚鬼怒川公園駅から徒歩8分（送迎あり）　🚗40台
[鬼怒川温泉] ▶MAP 別 P.11E-1

[料金] 1泊2食付き1室5万8000円～
[IN] 15:00
[OUT] 10:00

🍴 *Dinner*

懐石料理に西洋料理のテイストを加えた金谷流懐石

🍴 *Dinner*

全国の選りすぐった旬の食材を使った会席料理

⌨ What is

鬼怒川温泉

鬼怒川の渓谷沿いに広がる、江戸時代から続く温泉街。当時は日光詣での大名や僧侶のみが利用したが、明治期に一般に開放された。源泉は無味無臭のアルカリ性単純温泉。

渓谷を望む露天風呂も多い

【 宿もフォトジェニックがいい！ 】

吹き抜けロビーの圧倒的存在感！
デザインもモダンで「映える」

ロビーを中心に回廊のように客室が並ぶ

1 和室から洋室までバリエーション豊富 2 空中庭園露天風呂。2カ所ある大浴場や貸し切り風呂も

03 鬼怒川最古の温泉宿
あさやホテル

創業130年の大型ホテル。温泉は空中庭園露天風呂や2カ所ある大浴場、貸し切り風呂もある。エンタメからリラクゼーションまで館内の施設も充実し、仲間でワイワイと楽しめる。

🏠 日光市鬼怒川温泉滝813　☎0288-77-1111
室数 192室　⊗鬼怒川温泉駅から車で5分（駅〜ホテル間の循環バス利用可能）🚗あり
鬼怒川温泉 ▶MAP 別 P.11E-2
料金 1泊2食付き1室3万3000円〜
IN 15:00
OUT 10:00

 🍴 *Dinner*

和風ダイニングや個室料亭での会席料理、ビュッフェなどさまざまなタイプが選べる

【 湯巡りをとことん楽しみたい！ 】

純温泉風呂からプールまで！
風呂の種類は鬼怒川No.1

水着で楽しむ温泉、おぷーろ。鬼怒川の眺望も抜群

1 客室は37㎡以上で広々。和洋室がメイン 2 温泉でゆっくりとくつろげる「きぬの湯」

04 多彩な温泉が超☆楽しい！
日光きぬ川ホテル三日月
にっこうきぬがわホテルみかづき

種類豊富な温泉で遊びたいならこの宿へ。3つの温泉がある全長100m温泉大回廊が人気。2020年には水着で楽しむ屋上温泉プール、おぷーろもオープンし、楽しみが広がった。

🏠 日光市鬼怒川温泉大原1400　☎0288-77-2611
室数 259室　⊗鬼怒川温泉駅から徒歩3分　🚗180台
鬼怒川温泉 ▶MAP 別 P.11D-3
料金 1泊2食付き1室4万1800円〜
IN 15:00
OUT 10:00

 🍴 *Dinner*

できたての料理が揃うバイキングのほかお食事処や部屋食も選択可

STAY

日光金谷ホテル

温泉宿

スモールホテル

鬼怒川温泉

川治温泉

※ 日光きぬ川ホテル三日月には、ウォータースライダー付きのプールや5種類のサウナがあるガーデンスパがあり、宿泊者は無料で利用できる。

STAY

渓流沿いにひらけた温泉地
川治温泉で癒やしのステイ

鬼怒川温泉のさらに北、山間の里山にある川治温泉。
美肌に効くとされる「薬師の湯」で、健康美人を目指そう！

高級旅館

緑の温泉が気持ちいい！

男鹿川を望む渓谷沿いにある露天岩風呂

What is

川治温泉

男鹿川と鬼怒川の合流点にひらけた、小さな温泉地。泉質はアルカリ性単純泉で、ケガに効くことから「薬師の湯」などと呼ばれてきた。現在では美肌の湯としても有名。

里山風情あふれる温泉宿
界 川治
かい かわじ

星野リゾートブランドの高級温泉旅館。温泉大浴場は檜の内湯と露天岩風呂の2種類。どちらからも自然が眺められ開放感抜群。里山の生活に根づいた文化体験も楽しみ。

🏠 日光市川治温泉川治22　☎050-3134-8092　室数 54室　⊗野岩鉄道川治湯元駅から徒歩10分　🅿あり

川治温泉 ▶MAP 別P.10B-1

料金 1泊2食付き1名2万5000円〜
IN 15:00　OUT 12:00

コスパ宿

川沿いにある露天風呂

メインは和室と和洋室。露天風呂付き客室も

夕食はバイキング形式。山の幸も海の幸も

川治温泉随一の大型ホテル
一柳閣 本館
いちりゅうかく ほんかん

川治温泉の中心にある温泉ホテル。温泉は内湯、露天、貸し切り風呂などがあり、自慢は11・12階にある展望大浴場。客室は和室、和洋室、洋室から選べる。

🏠 日光市川治温泉高原46　☎0570-005-780　室数 124室　⊗野岩鉄道川治湯元駅から徒歩20分（送迎あり）　🅿約80台

川治温泉 ▶MAP 別P.10B-1

料金 1泊2食付き1名8580円〜（入湯税別）
IN 15:00　OUT 11:00

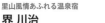
客室の大きな窓から四季の風景が望める

和牛と猪のお鍋など、里山ならではの夕食を味わって

〜 川治温泉周辺の立ち寄りSPOT 〜

渓谷に沿ってハイキング
龍王峡
りゅうおうきょう

川治温泉から車で15分

鬼怒川温泉と川治温泉のちょうど中間にある自然公園。龍王峡駅そばの虹見の滝から川治温泉までの渓谷沿いに全長6kmのハイキングコースが整備されている。

🏠 日光市藤原1357　☎0288-76-4111（日光市観光経済部藤原観光課）　⊗散策自由　⊗野岩鉄道龍王峡駅から徒歩すぐ　🅿100台

龍王峡 ▶MAP 別P.10B-1・2

川沿いの市民公園
川治ふれあい公園
かわじふれあいこうえん

温泉街の中にある公園で、住民の憩いの場になっている。園内2カ所の足湯は休憩に最適。「かわじいの湯」は川沿いにあり、のんびりできる。

🏠 日光市川治温泉高原　☎0288-76-4111（日光市観光経済部藤原観光課）　⊗散策自由（足湯は9:00〜18:00）　⊗野岩鉄道川治湯元駅から徒歩20分　🅿8台

川治温泉 ▶MAP 別P.10B-1

キャベツメンチが名物
坂文精肉店
さかぶんせいにくてん

地元で人気の精肉店。ざくざくとした食感のキャベツメンチ150円は、川治温泉の名物グルメ。揚げたてにかぶりつこう。テイクアウトのほか店頭にベンチもある。

🏠 日光市藤原1238　☎0288-78-0211　⊗10:30〜18:00　⊗木曜　⊗野岩鉄道川治湯元駅から徒歩15分　🅿なし

川治温泉 ▶MAP 別P.10B-1

アツアツ

那須

NASU

那須内の
アクセス一覧

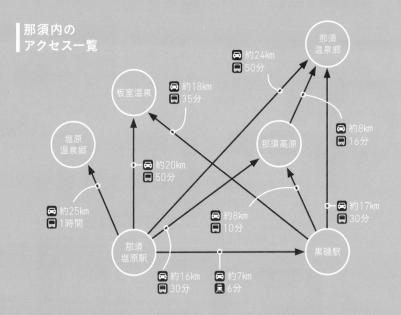

那須温泉郷

🚗 約24km
🚌 50分

板室温泉

🚗 約18km
🚌 35分

塩原温泉郷

🚗 約20km
🚌 50分

那須高原

🚗 約8km
🚌 16分

🚗 約25km
🚌 1時間

🚗 約8km
🚌 10分

🚗 約17km
🚌 30分

那須
塩原駅

黒磯駅

🚗 約16km
🚌 30分

🚗 約7km
🚊 6分

那須早わかり！

那須

関東を代表する人気の避暑地。見どころが集中する那須高原のほか、那須温泉郷や塩原温泉郷などは温泉の町としても知られている。

那須を巡る3つのコツ

① 効率よく回るならマイカーorレンタカーが便利

バスが運行しているが、1時間に1～2便と本数が少なく、バス停から離れた場所にある見どころも多いため、車で移動するのがおすすめ。
→P.157

② 観光案内所でお得な情報をゲット

季節のおすすめスポットなど、那須観光がより充実する情報を案内してくれる。お得な割引券やレジャー施設の前売り券なども扱う。

| 問い合わせ | 那須地区総合観光案内所 |

（JR那須塩原駅構内）
☎0287-65-1690 働8:30～17:00 休12～3月の水曜
那須広域　▶MAP 別P.13D-3

| 問い合わせ | 観光交流センター |

（道の駅 那須高原友愛の森）
☎0287-78-0233
働8:00～18:00（10～3月は9:00～17:30）休無休
那須高原中心　▶MAP 別P.14B-2

③ 緑の美しい季節はゴールデンウィーク後

標高が高い那須では、4月下旬から新緑が始まり、5月中旬頃に緑が生い茂る。GWは一年で最も混雑する時季。道路や店も混み合うので、その心づもりをしておくこと。

那須高原周辺 王道コース

所要 約8時間　見どころ満載の那須高原をぐるり。自然やグルメ、ショッピングを1日でコンプリート！

START
JR那須塩原駅

10:00
キュートな動物たちに癒やされる
→P.108
→P.110

大人も楽しめる動物園がたくさん！

13:00
那須食材尽くしのランチに舌鼓
→P.118

野菜や卵などが絶品の食の宝庫

アートに触れてセンス磨き

14:00
自然と融合した話題のアートスポットへ
→P.16

16:00
那須のおいしいおみやげを持ち帰り
→P.122
→P.126

15:00
緑あふれるテラスカフェでブレイク
→P.120

さわやかな風を感じてひと休み

GOAL
JR那須塩原駅

ハイレベルなナチュラルチーズ

主要な見どころが集中

1 那須高原
なすこうげん

那須観光の中心となるエリア。メイン通りの那須街道に沿って、自然豊かなレジャー施設や飲食店、ショップなどが点在しており、いつも多くの観光客でにぎわう。

異国情緒たっぷりの那須ステンドグラス美術館

アートビオトープ那須 水庭 **→P.16**
那須ステンドグラス美術館 **→P.105**
那須サファリパーク **→P.110**

那須一のおしゃれシティ

2 黒磯
くろいそ

那須塩原駅の隣にある黒磯駅周辺は、おしゃれっ子が集まる町。リノベカフェの先駆けとなった有名店をはじめ、雑貨やファッションなどセンスのいい個人店が集中している。

那須の食を発信するみやげ店、Chus

1988 CAFE SHOZO **→P.130**
Chus **→P.134**

ネイチャースポットが豊富

3 那須温泉郷
なすおんせんきょう

那須高原からさらに北へ進んだ、那須連山の麓に広がるエリア。標高が高く、高所から見下ろす絶景やハイキングを楽しめる。温泉としても有名で、ホテルや旅館が充実。

那須連山と牧草地の那須らしい風景

那須平成の森 **→P.106**
那須ロープウェイ **→P.136**
つつじ吊橋 **→P.137**

多彩な温泉が楽しめる

4 塩原温泉郷
しおばらおんせんきょう

1200年以上前から湯治場として栄えてきた。源泉数は県内一を誇り、泉質の種類も多い。渓谷が眺められる吊り橋や滝などが見どころで、秋は紅葉スポットとして有名。

渓谷沿いに温泉宿が点在する

もみじ谷大吊橋 **→P.140**
紅の吊橋 **→P.141**

新旧が共存する湯治の里

5 板室温泉
いたむろおんせん

那須連山の西端の山深い場所にある、小さな温泉街。「下野の薬湯」として1000年以上親しまれてきた。伝統を残しつつ、近年はモダンな旅館が増えている。

洗練された旅館が多い

板室温泉の宿 **→P.150**

標高差があるため天候や気温はエリアで異なることもしばしば。

TOURISM

これぞ那須な風景ここにあり

映えを求めて森林ドライブ

SNS映え間違いなしの那須観光の王道スポットをドライブ。車を走らせながら、
どこまでも続く青々とした牧草地や雄大な那須連山など、那須らしいのどかな風景を楽しもう!

咲き乱れる色とりどりの花絨毯

那須岳の裾野を彩る花園

❷ 那須フラワーワールド

なすフラワーワールド

那須連山をバックに季節の花々が咲き誇る。花は種類ごとに植えられており、見頃を迎えると絨毯のように丘一面を覆い尽くす。春はアイスランドポピーや花菱草が咲く。

🏠 那須町豊原丙那須道下5341-1 ☎0287-77-0400 ⏰4月下旬～10月下旬の9:00～17:00 🈺期間中無休 🉐入園500～1000円（花の咲き具合により変動）🚗那須高原スマートICから車で12分 🚗300台
那須広域 ▶MAP 別 P.13E-1

Flower Season

夏から秋になると、25万株、300万本以上のケイトウが咲き誇る

Check!
映える
花畑の小道
道の両側に花畑が広がっており、SNS映えなショットが撮れる。

6km
14分

START!

MILK

進化を続ける牧場

❶ 森林ノ牧場

しんりんのぼくじょう

牛を放牧することで森林を活用することを目的とした、人気の牧場。牧草場まで遊歩道が整備されており、自由に散策できる。ジャージー牛のミルクを使った、加工品を販売。

🏠 那須町豊原乙627-114 ☎0287-77-1340 ⏰10:00～16:00 🈺木曜（祝日の場合は営業、冬季休業あり）🚗那須高原スマートICから車で10分 🚗25台
那須広域 ▶MAP 別 P.13E-1

ジャージー牛乳を使った濃厚なソフトクリーム500円

長靴に履き替えて牧草地へ。森の中でのびのびと過ごす牛たちと触れ合う

ソフトクリームやランチを提供するカフェ。ショップも併設

Check!
オリジナル
グッズも注目！
乳製品のほか、身につけられるオリジナルグッズも販売している

スウェーデンから来たキッチンワイプ611円

生産寿命を迎えた牛の革を使用した、あの子の革キーホルダー各1100円

DRIVE ROUTE

START! → GOAL!

① 森林ノ牧場	② 那須フラワーワールド	③ 那須ステンドグラス美術館	④ 旧青木家那須別邸
6 km、14分	9 km、13分	10 km、14分	

9km 13分

Howto

簡単ドライブNAVI

那須街道などはGWや夏休みになると渋滞が発生するので、時期をずらして行くと◎。まれに舗装されていない道もあるので注意。

ショップや体験教室も併設

ステンドグラスの巨匠が手がけた、TWOエンジェル

イギリスのコッツウォルズにあるマナーハウスを忠実に再現

異国情緒たっぷり！

③ 那須ステンドグラス美術館
なすステンドグラスびじゅつかん

ライムストーンの建物内に3つの礼拝堂がある。目を引くステンドグラスは、イギリスやドイツの教会で実際に使われていたもの。館内の至るところに石像や調度品が置かれている。

🏠 那須町高久丙1790 ☎0287-76-7111 🕘9:30〜16:30 🈺無休（臨時休館あり）🈯入館1300円 🚃JR那須塩原駅から関東バスで35分、バス停「守子坂」下車、徒歩20分 🅿150台

那須高原中心 ▶MAP 別 P.14C-1

セント・ラファエル礼拝堂の正面にある、バラ窓と呼ばれる円形のステンドグラスは必見！

Check!

毎日開催のパイプオルガン演奏

セント・ラファエル礼拝堂では、10:30〜15:30の毎時にパイプオルガンの生演奏が行われる。

GOAL!

10km 14分

洋館とガーデンのコラボ絶景

④ 旧青木家那須別邸
きゅうあおきけなすべってい

明治21（1888）年に、ドイツ公使や外務大臣を務めた青木周蔵の別邸として建てられた。ドイツ式の建築技術を取り入れた館内では、明治時代の馬車などの展示がある。

🏠 那須塩原市青木27 ☎0287-63-0399（道の駅「明治の森・黒磯」管理事務所）🕘9:00〜17:30（10〜3月は〜16:30）🈺5・7・9月の第1月曜、11〜4月の月曜（祝日の場合は翌日、5月の第1月曜が祝日の場合は翌日）🈯入館200円 🚃JR那須塩原駅から関東バスで30分、バス停「青木別荘前」下車、徒歩5分 🅿93台

青木 ▶MAP 別 P.14A-3

24室の部屋がある

Flower Season

隣接するハンナガーデンでは春には菜の花、夏にはひまわりが咲き幻想的

PLAY

豊かな自然を守る森で
気分爽快ネイチャーハイキング

那須連山の麓にある、元御用邸用地だった広大な森。自然と触れ合い学べる場として2011年にオープンした敷地は、人の手がほとんど加えられていない。動植物を探しながら散策を楽しもう！

動物を探しながらレッツハイキング！

5〜6月に見られるレンゲツツジ

夏鳥のキビタキ

学んで触れ合う、手つかずの美しい森

Check!

森の楽しみ方で異なる2つのエリア

ふれあいの森
森を自由に散策し、自然と触れ合うことができるエリア。

学びの森
豊かな環境を維持するため、有料ガイドウォークへの参加で入ることができる特別な森。

ふれあいの森の駒止の丘。ベンチに腰掛けて茶臼岳を眺めながらひと休み

天皇が愛した森
那須平成の森
なすへいせいのもり

「ふれあいの森」と「学びの森」の2エリアからなる、約560ヘクタールの森。「ふれあいの森」は無料のエリアで、初心者でも安心の3つのコースを散策できる。

🏠 那須町高久丙3254 ☎0287-74-6808 🕘9:00〜16:30（5・7・8月は〜17:00）🚫水曜（祝日の場合は翌日、GW・お盆・年末年始は営業）🚗那須ICから車で40分 🅿60台
那須温泉郷 ▶MAP 別 P.15F-1

HIKING ROUTE
距離 🚶 約1.2km
所要時間 🕐約1時間30分

ふれあいの森 駒止の滝観瀑台コース

START!					GOAL!
① フィールドセンター	② 石ころゴロゴロ道	③ 駒止の滝観瀑台	④ 森の中ぐねぐね道	① フィールドセンター	
▶ 200m、5分	▶ 800m、40分	▶ 300m、10分	▶ 1200m、35分		

📋 **What is**

那須高原の植物＆生き物

高低差があるため植物の種類が多様。運がよければ動物にも会えるかも!?

···· カタクリ ····

春の訪れを知らせる花。発芽してから花が咲くまで8年ほどかかる。
4月上旬〜5月上旬

···· タマゴタケ ····

食用キノコ。卵の殻のようなツボから顔を出した真っ赤な傘が特徴。
8月中旬

···· リンドウ ····

秋を代表する花。那須平成の森ではさまざまな種類のリンドウが咲く。
9月下旬〜10月中旬

···· オオルリ ····

オスは美しいブルーの背中が特徴の栃木県の県鳥。メスは茶色。
レア度：★★☆

···· ニホンヤマネ ····

国の天然記念物に指定されており、生きた化石と言われている。
レア度：★★★

···· ヒキガエル ····

ビオトープ池で観察できる。春にはオタマジャクシの姿も！
レア度：★☆☆

START!

❶ フィールドセンター
からスタート！

フィールドセンターを抜けた先がすべてのコースのスタート地点。ルートマップをもらって、クマの出没情報もしっかりチェック。トイレもここで済ませておこう。

植物や動物に関する展示も充実

⬇

❷ 足元に注意！
石ころ道を進む

フィールドセンターを出て左に曲がり、道標1を過ぎて道標6まで進む。ここから約1km続く道は、ゴロゴロとした石が転がっており、ゆるやかな上り坂になっている。

提供：那須平成の森

途中にある動物の看板が目印
足をくじかないように気をつけて！

⬇

❸ 駒止の滝観瀑台で
リフレッシュ！

石ころゴロゴロ道を進むと、駐車場に到着。すぐそばに観瀑台が設置されており、幅3m、落差約20mの2段からなる「駒止の滝」を見下ろすことができる。

滝の美しさに感動！
青く澄んだ美しい滝

⬇

❹ 森の中ぐねぐね道

駐車場から道標4までは、通ってきた道または休憩ベンチのある斜面が急な道へ。その先は木々が生い茂るくねくねとした道を進み、フィールドセンターに戻る。

GOAL!

カメラを構えて動物を激写☆
さまざまな種類の木々が生えている

CAUTION
クマに注意！
豊かな森の象徴であるツキノワグマが暮らす森を歩く。クマ除けの鈴の貸し出し（無料）や、コース途中にもクマ除けの鐘がある。

Check!
無料プログラムで
森のエキスパートから自然を学ぶ
フィールドセンターでは、森を知り尽くしたインタープリターが那須の自然や動植物について解説してくれる30分間のミニプログラムを毎日開催。

実施時間は11:30 〜12:00、13:30〜14:00

有料プログラム

「学びの森」エリアは
ガイド付きで！

「学びの森」ではインタープリターのガイドを聞きながら、じっくりと森を散策できる7つのルートがある。初心者向けのフクロウルートは所要約2時間、2000円。

提供：那須平成の森

一般人が立ち入ることができないエリアを散策する

ふれあいの森エリア
ハイキングMAP

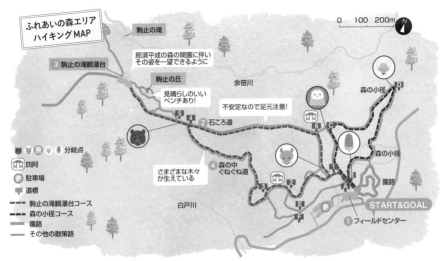

駒止の滝

那須平成の森の開園に伴いその姿を一望できるように

❸ 駒止の滝観瀑台

駒止の丘

見晴らしのいいベンチあり！

余笹川

森の小径

❷ 石ころ道

不安定なので足元注意！

森の小径

園路

さまざまな木々が生えている

❹ 森の中ぐねぐね道

白戸川

START&GOAL

❶ フィールドセンター

0　100　200m

🐻🦊🐰 分岐点
🏠 四阿
P 駐車場
道標
---- 駒止の滝観瀑台コース
---- 森の小径コース
—— 園路
—— その他の散策路

TOURISM

動物との近さに驚き！
那須どうぶつ王国を丸ごと楽しむ！

生き生きとした動物たちを近くで見て、知って、触れ合える、大人もワクワクする
見どころがいっぱい。那須どうぶつ王国でしか出会えない貴重な動物も要チェック！

エリア内を自由に動き回るワオキツネザル。ジャンプ力に注目！

ENJOY
01
動物を近くでウォッチング

檻や柵を使わず肉眼で動物を観察できるよう工夫されている。一押しスポットは、障壁なしで動き回る動物を近距離で見られる放し飼いエリア。

ウェットランド
熱帯の湿地に生息する動物がいるエリア。一部の動物は放し飼いになっているので、探しながら館内を巡ろう！

人気

ジャガー
アメリカ大陸に生息するネコ科最大の動物。ガラス越しで大接近できる

爪が小さいことからコツメカワウソと名付けられた

海のピエロと呼ばれているパフィン

大きな黄色いクチバシが特徴のオニオオハシ。エリア内を自由に飛び回る

ペンギンビレッジ
屋内と屋外エリアに分かれており、3種類のペンギンとアザラシを見ることができる。国内で唯一観察できるパフィンは必見！

愛らしい姿が人気のゴマフアザラシ

ニホンリスも準絶滅危惧種に指定されている

人気

保全の森
ライチョウなど希少種保全を目的とした施設。希少な動物が展示されており、絶滅の危機に直面した現状を解説する。

南米の乾いた大地で暮らすフンボルトペンギン

スナネコ
スナネコは岩砂漠に生息しており、かわいらしい姿から砂漠の天使と呼ばれている

特別天然記念物のニホンライチョウの展示は国内でも貴重

オオカミの丘
2020年9月にオープンした新エリア。ホッキョクオオカミと北米に暮らす動物を展示している。

目玉となる幻の白いオオカミ、ホッキョクオオカミ。国内の動物園唯一の展示

人気

ナマケモノ
前足の2本の長い爪を木にかけてぶら下がって暮らすフタユビナマケモノ

熱帯の森
熱帯雨林を再現した屋内施設。放し飼いの動物たちが館内を自由に動いており、あまりの近さに大興奮間違いなし！

トンネルを掘って複雑な巣穴を作る、オグロプレリードッグ

小型のサル、コモンマーモセット。甲高い声で鳴いてコミュニケーションをとる

ハト類で最も大きなオオギバト。近年生息数が減少している

見事なダイビングを披露！

ENJOY 02

アニマルパフォーマンスに感激！

1日に1～2回、芸達者な動物たちによるパフォーマンスが開催されている。園内は広大なので、見たいショーの催行時間を事前に確認して余裕をもって会場へ行こう。

at アクアステージ

アクアフレンズ
オットセイのパフォーマンス。ダイビングキャッチや輪投げなど動体視力に優れた姿を披露

愛の込もった投げキッス！

勇ましいフライトをご覧あれ！

フリーフライトバードパフォーマンス BROAD
タカやミミズクなどのさまざまな鳥が頭上ギリギリを飛翔する、迫力満点のショー

at 王国ファームスカイスタジアム

羽を広げると2mもの大きさになるハクトウワシ

大人も本気で楽しめる動物園

那須どうぶつ王国
なすどうぶつおうこく

150種600頭以上の動物を展示。東京ドーム10個分の広大な園内は、屋内施設が充実した王国タウンと、自然の中で暮らす動物が見られる王国ファームの2エリアに分かれている。

🏠 那須町大島1042-1 ☎0287-77-1110 🕐 10:00～16:30(土・日曜・祝日は9:00～17:00、12～3月は～16:00) 休 水曜、12～3月は不定休 料 入園2600円 🚗 那須ICから車で30分 🅿 2000台

那須広域 ▶MAP 別 P.13D-1

🚌 How to

回り方

王国タウンと王国ファーム間の移動は、無料の「ワンニャンバス」が便利。随時運行、冬季は運休。かわいい発車音は必聴！

カピバラ
カピバラの森ではいつでも笹の葉をあげられる。1束100円

食べてる姿もキュート♡

アザラシ
1日1回先着順でアザラシに餌やりができる。1回100円

ENJOY 03

餌やり＆ふれあい体験でキュン♡

動物との距離をもっと縮めたい人は、毎日開催されているふれあい体験や餌やりがおすすめ！動物によって餌やりの時間が指定されている。

ラクダライド
フタコブラクダの背中に乗って那須の山々を堪能できる。1周1000円(身長・体重制限あり)

ENJOY 04

キュートなおみやげ＆グルメをチェック！

園内にはレストランやカフェが全部で5店、ショップが2店ある。ここだけでしか味わえないメニューやかわいいオリジナルグッズが揃う

格言が書かれたシュールなマウスパッド770円

自分の心の声を聴け

ツシマヤマネコが餌場とする田んぼを守るために作られた、ヤマネコ米各500円

ヤマネコテラスで提供する、佐渡ツシマヤマネコ米を使用したヤマネコランチ1300円

動物のイラストが描かれたキュートなウレタンマスク990円

🚌 ワンニャンバスのほか、季節限定でトラクターバス(無料)や王国リフト(片道500円)も運行する。

TOURISM

かわいい動物たちにキュン♡

アニマルスポットで癒やされる

那須どうぶつ王国のほかにも、魅力的な動物園がたくさん！大自然に囲まれてのびのびと暮らすキュートな動物たちと触れ合って、アニマル尽くしな一日を過ごそう。

動物がすぐそこに！迫力満点のサファリ体験

マイカー500円またはサファリレンタカー2500円〜を借りて、園内を運転することもできる

PLAY
ワイルドライド
天井や側面を金網で囲った迫力満点のバス。所要50分、1500円〜

ワイルドライドだけ、ライオンの餌やりができる！

PLAY
ゾウライドサファリ
ゾウに乗って動物が暮らすエリアをお散歩できる。所要10分、2000円

ゾウの背中ってこんなに大きいんだ！

PLAY
ライオンバス
スタッフの解説を聞きながら園内を回る。所要40分、1200円

こんな動物にも会える！

シマウマ
白黒のコントラストが美しい。鳴き声はイヌとよく似ている

ホワイトライオン
アフリカライオンの白変種で世界に300頭ほどしかいないといわれている

エランド
サバンナに生息する。2回巻いてまっすぐ伸びる角が特徴

ワイルドに楽しむ動物園

那須サファリパーク
なすサファリパーク

約50種500頭羽の野生動物が主に放し飼いされているサファリゾーンをバスや車で巡る。草食ゾーンでは、近距離で餌やりができる。ウサギなど小型動物とのふれあいも楽しめる。

🏠 那須町高久乙3523 ☎0287-78-0838 🕘9:00〜17:00（最終受付は16:15、時季により変動）🗓木曜（時季により変動）💴入園2900円 🚃JR那須塩原駅から関東バスで27分、バス停「那須サファリパーク入口」下車、徒歩7分 🅿350台

那須高原中心 ▶MAP 別 P.14B-1

何種類の動物に出会えるかな？

・カバ
・アカシカ
・エミュー
・カピバラ
…etc.

高いところから動物を見下ろす新鮮な体験ができる

ふれあい体験満載の牧場テーマパーク

空中アルパカツアー「あるはーく」が2023年3月にオープン（￥1500円、1回最大30分）。アルパカを見ながらネットアスレチックができる

動物たちが牧舎に走って戻る、「動物たちのGO！GO！ラッシュ！」。開催時間は時季により変動

見どころ豊富な観光牧場

那須高原りんどう湖ファミリー牧場
なすこうげんりんどうこファミリーぼくじょう

りんどう湖を囲むように位置するレジャー施設。約13種320頭の動物たちと触れ合える牧場だけでなく、ペダルボートやジップラインなどのアトラクションも充実。夏には恒例の花火大会を開催。

🏠 那須町高久丙414-2　☎0287-76-3111　🕘9:30〜17:00（時季により変動）　🚫不定休　💴入園1600円（各種アトラクション別途）　🚗那須ICから車で10分　🅿2000台

`那須高原中心` ▶MAP 別P.14C-2

🚩PLAY ミルクあげ
愛らしい子牛にミルクをあげられる。9:30〜15:00、1回300円

係員の指示に従って上手に飲ませよう

🚩PLAY アルパカさんぽ
リードをつけたアルパカと散歩が楽しめる。1日6組限定の予約制、1頭1500円

アルパカのペースでのんびりお散歩

アルパカの数は日本最大級！

こんな動物にも会える！
・ヤギ
・ヒツジ
・ウサギ
・モルモット
,etc.

レアなサルたちに会える！

那須ワールドモンキーパーク
なすワールドモンキーパーク

ほかでは滅多に触れ合えないサルと触れ合えるモンキーパーク。珍しいサルのほか、レッサーパンダなどの動物も暮らしていて、ゾウライド体験やアニマルショーも開催している。

🏠 那須町高久甲6146　☎0287-63-8855　🕘10:00〜16:00（最終受付は15:30、時季により変動）　🚫水・木曜（GW・夏休み・年末年始は営業）　💴入園2100円　🚗那須ICから車で10分　🅿350台

`那須高原中心` ▶MAP 別P.14C-2

リスザルは腕の中でお昼寝しちゃうこともあるとか

シマシマの尻尾が特徴的なワオキツネザル

アニマルシアターでは1日3回動物たちによるパフォーマンスが見られる

肩に乗ってくることもあるよ！

🚩PLAY ふれあい広場
3種類のサルたちと触れ合える。ウサギやインコなどにも餌をあげられる

撫でられるのが大好きなエリマキキツネザル

こんな動物にも会える！
・マンドリル
・スローロリス
・レッサーパンダ
・アジアゾウ,etc.

🐾 那須サファリパークで楽しめる、夜行性の動物を観察できるナイトサファリ2400円〜もおすすめ。

那須とアート

日本が誇る芸術が集まるアートの町

関東有数のリゾート地として不動の人気を誇る那須。近年では、日本を代表するアーティストの美術館や世界で活躍する建築家によるアーキテクチャーが続々と増え、アートな町として話題を呼んでいる。那須のアートの魅力は、何と言っても豊かな自然。アートビオトープ那須 水庭や那須芦野・石の美術館 STONE PLAZAのように森や石などの自然と融合することで、作品の美しさが一層際立つ。

また、アートで町を盛り上げようと、新たなプロジェクトがスタートした。N's YARDなどのアートスポットが点在する黒磯駅周辺から青木、戸田、板室温泉までを結ぶ県道369号の板室街道沿いを「ART369」と名づけて、イベントやワークショップを開催している。詳細はウェブサイト（URL:art369.jp）で確認を。

奈良美智の作品が展示されている、N's YARD

那須のアートスポット BEST5

建築

歴史ある石蔵を再生

A 那須芦野・石の美術館 STONE PLAZA
なすあしの・いしのびじゅつかん ストーンプラザ

石の産地として知られている芦野地区にある美術館。歴史ある石蔵と、石を用いて新しく造られた建築を組み合わせている。

→P.17

影絵

劇場型美術館

B 藤城清治美術館
ふじしろせいじびじゅつかん

光と影が織りなす影絵の美しさを体感できる。美術館オープンのために作成した巨大影絵や影絵劇場など多彩な作品が楽しめる。

→P.138

絵画・彫刻

私設のアートスペース

C N's YARD
エヌズ ヤード

絵画や立体作品などを5つの部屋に分けて展示。自身の作品のほか、親交のある作家の作品やレコードのコレクションも混在する。

→P.17

自然

計算して造られた庭

D アートビオトープ那須 水庭
アートビオトープなす みずにわ

SNSで話題のホテルに隣接する水の庭。木・池・苔の自然界の要素を利用し、緻密に計算して配置することで幻想的な風景を表現。

→P.16

ステンドグラス

豪華なグラス

那須ステンドグラス美術館
なすステンドグラスびじゅつかん

3つの礼拝堂からなる美術館。豪華なステンドグラスは、1800〜1900年代に海外の教会で実際に使われていたアンティーク。

→P.105

那須のアートを手がけたアーティスト

A

Photo©J.C. Carbonne

隈 研吾
くまけんご

世界で活躍する建築家。土地や環境、文化に溶け込む建築を目指し、これまでに20カ国以上もの国で建築を手がけてきた。

PROFILE

1954年生まれ。東京大学大学院建築学専攻修了後、1990年に隈研吾建築都市設計事務所を設立。東京大学教授を経て、現在は東京大学特別教授・名誉教授。

●代表作
●梼原 木橋ミュージアム ●根津美術館
●富山市ガラス美術館 ●アオーレ長岡

B

藤城清治
ふじしろせいじ

影絵の第一人者。絵を切り出しカラーフィルターで色付けする独自の方法で作品を生み出す。出版物やテレビなど活躍の場は幅広い。

PROFILE

1924年生まれ。慶應義塾大学経済学部在学中に、影絵劇創作活動を開始。人形と影絵の劇場ジュヌ・パントル(後の木馬座)を結成し、多数の賞を受賞。

●代表作
●ぶどう酒びんのふしぎな旅 (絵本) ●藤城清治作品集・日本 (画集)
●マボロシの鳥 (絵本) ●銀河鉄道の夜 (絵本)

C

写真:リョウイチ・カワジリ

奈良美智
ならよしとも

目つきが特徴的な女の子の絵で知られている現代アーティスト。ドイツ在住時にヨーロッパや日本で個展を開き、一躍有名に。

PROFILE

1959年生まれ。愛知県立芸術大学大学院修士課程修了後、ドイツに渡り国立デュッセルドルフ芸術アカデミーに入学。ケルンを拠点に制作を行い、2000年に帰国。

●代表作
●Cosmic Eyes ●ナイフ・ビハインド・バック
●Fuckin' Politics! ●あおもり犬

D

©CHIKASHI SUZUKI

石上純也
いしがみじゅんや

アートビオトープ那須 水庭でその名を轟かせた若手建築家。自由な建築をテーマに、庭など建築物のみにとらわれない作品を手がける。

PROFILE

1974年生まれ。東京藝術大学修士課程修了後、妹島和世建築設計事務所を経て、2004年に石上純也建築設計事務所を設立。

●代表作
●神奈川工科大学 KAIT 工房・KAIT広場 ●Vijversburgビジターセンター (オランダ)
●2019年サーペンタインギャラリーパビリオン

奈良美智は2005年から那須塩原市に拠点を移して、創作活動を行っている。 113

PLAY

手作り体験で思い出を形に♪
オンリーワンアイテムを作る!

キャンドル作りにトライ!

1 好きな花を選ぶ
セットになった押し花から好きなものを選ぶ

2 花をロウに貼り付ける
ピンセットでロウに花を重ねて付ける

どんな配置にしようかな〜

3 色選び
カラージェルシートを選びカットする

5色のジェルで色を作る

キャンドル&クリスマスショップ
CANDLE HOUSE ChouChou
キャンドルハウス シュシュ

子どもから大人まで楽しめる20種類ものキャンドル作り体験を用意。

🏠 那須町高久乙796-234 ☎0287-78-7060 ⏰10:00〜18:00(最終受付は17:00) 🈑木曜(春休み・GW・夏休み・秋休み・クリスマス・年末年始は営業) 🚃JR那須塩原駅から関東バスで30分、バス停「友愛の森」下車、徒歩10分 🚗50台

那須高原中心 ▶MAP 別 P.14B-2

4 香り選び
アロマオイルで香りづけし、カットしたジェルを入れる

ジェルを均等に流し込もう

完成

スタッフがジェルを温めたら完成!時間が経つと色が沈んできれいなグラデーションに!

アロマジェルフラワー
⏱40分
💴2200円
🈯不要

ステンドグラス作りにトライ!

1 好きなガラスを選ぶ
さまざまな種類のガラスから好きなものをチョイス

2 ガラスにテープを付ける
すべてのガラスの周りにテープをしっかり付ける

3 形を決めて薬を塗る
ガラスの配置を決めて、半田付けするための薬を塗る

形のパターンは無限大!

4 半田付けをする
テープを貼ったすべての箇所に半田付けする

細かい作業に全集中!

完成

光にかざすとステキ☆

ストラップ
⏱30分
💴1500円〜
🈯不要

異国情緒漂う美術館
那須ステンドグラス美術館
なすステンドグラスびじゅつかん

美術館に併設する建物の1階でステンドグラスの体験教室を行っている。ハートや星などのストラップ以外にも、オーナメントやハンドミラーを作ることができる。

→P.105
⏰9:30〜16:30(最終受付は15:30) 🈑無休

那須高原中心 ▶MAP 別 P.14C-1

体験教室に参加して旅の思い出を形に残すのはいかが？
自分色に染められるのが手作りの醍醐味。やり始めたら
夢中になる楽しい体験に挑戦してみよう！

予約　ほとんどの体験教室は予約不要。一部の体験教室やコースによって予約が必要な場合もあるので、ウェブサイトで事前に確認を。

アロマソルト作りにトライ！

1 岩塩に香りづけする
3種類のアロマから好きな香りを選ぶ

2 好きな色をつける
3つに分けた岩塩をそれぞれ別の色で着色

3 瓶に岩塩とハーブを詰める
スプーンですくって少しずつ瓶に詰めていく

入れすぎないように慎重に…

自然栽培のハーブショップ
那須高原HERB's
なすこうげんハーブス

約5000坪もの広大な農園で自然栽培したハーブを販売。モイスチャークリームや石けん作りなど全6コースが予約なしで体験できる。

🏠 那須町高久乙3589-3　☎0287-76-7315　⏰12:00～17:00(土・日曜・祝日は10:00～)　休火・水曜　🚃JR那須塩原駅から関東バスで27分、バス停「那須サファリパーク入口」下車、徒歩16分　🚗15台

那須高原中心　▶MAP 別 P.14B-1

4 レイヤーにしていく
岩塩とハーブを交互に重ねる

上からギュッと押すのがコツ

布に入れてお風呂に浮かべよう

完成

アロマソルト
⏰1時間
¥1600円
予不要

サンドブラスト作りにトライ！

1 シールを選ぶ
400種類以上の中から好きなシールをチョイス

2 素材にシールを貼る
切り込みにマスキングテープを貼り、素材にシールを貼る

バランスよく配置しよう

3 カットされたシールを剥がす
シールをすべて貼ったら、カットされているシールを剥がす

丁寧に剥がす

4 ビニールテープでカバーして砂をかける
隙間がないようにカバーして、砂をかけて削る

完成

サンドブラスト
⏰2時間
¥2000円～＋材料費150円～
予前日までに要予約

心地よい森の中のB&B
GardenHouse SARA
ガーデンハウス サラ

夫婦で営む小さな宿。圧縮した空気で砂などの研磨剤を吹き付けて加工するサンドブラスト体験教室を行っている。素材はグラスやマグカップ、プレートなどから選択可能。

🏠 那須町高久甲5840-4　☎0287-62-2868　⏰10:30～17:30　休不定休　🚃JR那須塩原駅から関東バスで30分、バス停「田代」下車、徒歩17分　🚗8台

那須高原中心　▶MAP 別 P.14C-2

EAT

ちょい足しでおいしさUP!
那須和牛を豪快に食らう

肉汁に絡む濃厚なデミグラスソース

もっとおいしく！
デミグラスソースとハンバーグを絡めてスプーンでいただくのがお店流

厳選素材のメニューがずらり
ステーキ＆ハンバーグ
Outburst&Ponta
ステーキ＆ハンバーグ
アウトバースト＆ポンタ

ブランド牛を使った肉料理が好評の洋食レストラン。名物は熱々の鉄板で肉の旨みと脂を閉じ込めた煮込みハンバーグ。サーロインステーキ100g 3300円〜もおすすめ。

🏠 那須町高久乙3450-8　☎0287-78-3381
🕐 11:30〜15:00LO、18:00〜21:30LO　㊡火曜　🚃JR那須塩原駅から関東バスで27分、バス停「那須サファリパーク入口」下車、徒歩すぐ　🅿20台

那須高原中心　▶MAP 別 P.14B-1

**那須和牛100%
特選煮込みハンバーグ**
150g 2500円
ほろ苦いデミグラスソースとトリュフバターがハンバーグの旨みを引き出す

こちらもオススメ！

那須山牛サーロインの絶品ステーキ重3200円。秘伝の甘めのタレが決め手

那須牛を丼にした人気ナンバー1メニュー

NICE!

那須和牛ステーキ丼
2600円（サラダ、味噌汁付き）
那須ブランド和牛を使用。肉の下には炒めた野菜が敷いてある

高級銘柄牛「とちぎ和牛」の地域特化ブランドである那須和牛。高級和牛と肩を並べるほどの評価を得る、絶品の那須和牛メニューをいただきます！

リブロースのジューシーさに舌鼓

那須和牛おすすめ サイコロステーキ
150gセット 3400円
リブロースを使用した人気メニュー。セットはライスや味噌汁が付く

🍴 What is

那須和牛　JAなすの管内（那須町、那須塩原市、大田原市）で肥育され、牛肉の格付けでA・B3等級以上と認定された上質な黒毛和種。

もっとおいしく！
塩コショウまたは自家製ソースにつけて食べるのもおすすめ

こちらもオススメ！

栃木県産黒毛和牛または那須和牛を使用した、サーロインステーキ100gセット3100円

精肉店直営のステーキレストラン
ステーキハウス寿楽 本店
ステーキハウスじゅらく

開店と同時に行列ができる人気店。独自ルートで仕入れた那須和牛やとちぎ和牛などのブランド牛が手頃に味わえる。寿楽特製ハンバーグ2200円～も人気。

🏠 那須町湯本379　☎0287-76-3844　🕐10:30～14:30LO、17:00～19:00LO　🈳木曜　🚃JR那須塩原駅から関東バスで40分、バス停「寿楽本店前」下車、徒歩すぐ　🅿60台
那須温泉郷　▶MAP 別 P.15F-3

道の駅併設の食堂
那須高原友愛の森
那須の食レストラン なすとらん
なすこうげんゆうあいのもり
なすのしょくレストラン なすとらん

食による地域活性化に力を入れており、地元食材尽くしのメニューを提供。毎月、5と8がつく栃木県民ご飯の日は、ライスのおかわりと大盛りが無料。

🏠 那須町高久乙593-8　☎0287-78-1219　🕐11:00～15:00（12月～3月上旬は～14:00）　🈳12月～3月上旬の火曜　🚃JR那須塩原駅から関東バスで30分、バス停「友愛の森」下車、徒歩すぐ　🅿150台
那須高原中心　▶MAP 別 P.14B-2

もっとおいしく！
特製ダレをかけると、さっぱりとしてコクのある味わいに

こちらもオススメ！

那須和牛ハンバーグや地元のそばなど、9種類の料理を味わえる、那須の内弁当1700円

🐄 メディアやテレビに引っ張りだこのステーキハウス寿楽の店内には、著名人のサインがびっしり！

EAT

那須の恵みをいただきます！
地産地消のランチを堪能

那須連山から流れる水や豊かな土壌など自然に恵まれた那須は、まさに食の宝庫。
野菜や肉、乳製品など新鮮な食材を生かした、ここでしか味わえない料理を召し上がれ！

menu
季節のガレット
1730円（前菜、サラダ付き）
自家製粉する地元製麺所のそば
粉と、甘みの強い高級卵を使用。
バルサミコのソースがかかる

店内奥は温かみのあるヨーロッパ風の内装

建物の裏に庭があり、ハーブなどを育てている

秋山製麺の
そば粉

那須高原産
チーズ

那須御養卵

那須食材に惚れ込んだ
夫婦が作る多国籍料理

洋

夫婦で多彩な料理のおもてなし
Restaurant cu-eri
レストラン クエリ

フレンチを学んだ妻と、アメリカの移民料理などの多国籍
料理を作る夫が営む。栃木ブランドゆめポークを使った
ローストポーク1850円など肉料理も人気。

🏠 那須町高久甲5706-41　☎0287
-74-6511　🕐11:00～23:00　休
火曜（冬季不定休）　🚃JR那須塩
原駅から関東バスで30分、バス停
「田代」下車、徒歩11分　🅿10台
那須高原中心　▶MAP 別 P.14C-2

menu
放し飼い鳥卵の
カルボナーラ
2420円
さかっぱた農園の有精卵を使
用した、本格的なカルボナーラ。
アルデンテの麺が絶妙！

店の目の前には一面に田んぼが
広がる

北欧風の店内。床には大谷石を
使用

地元産か
自家栽培した
野菜のサラダ

素材を生かした
シンプルなイタリアン

地元農家の
地鶏卵

隠れ家的イタリアンレストラン
Cucina Hasegawa
クッチーナ ハセガワ

夫婦で営む小さなレストラン。地元食材を使ったイタリア
ンは、シンプルながらも味わい深い。ランチセットには、サ
ラダと自家製パン、コーヒーまたは紅茶が付く。

🏠 那須町高久乙3368-157　☎02
87-78-0333　🕐11:30～13:30
LO（ディナーは前日までに要予約。
おまかせコースのみ）　休水・木曜
（ディナーは火曜も休）、1月
那須ICから車で15分　🅿7台
那須高原中心　▶MAP 別 P.14B-1

那須の野菜

那須を代表する食材といえば、みずみずしい高原野菜。標高が高く昼と夜の寒暖差が大きいため、生産が盛ん。一つひとつの味が濃く、個性的な野菜が多い。

例
- トマト　・ネギ
- アスパラ　・大根
- ウド　・カブetc.

とちおとめのイチゴ

店の水庭で育てたクレソンサラダ

食材の個性が光る創作料理

menu
**那須のめぐみ
旬香御膳
2780円**
季節野菜と穀物を味わえる旬の料理をシェフ手作りの地元八溝の木箱に入れて提供する

漆喰と木材の柱や梁が印象的な店内

敷地内にはレストランの看板ヤギがいる

体が喜ぶオーガニックレストラン
Ours Dining
アワーズ ダイニング

店舗の敷地内で、耕さず、肥料や農薬を使わず、雑草や虫を敵としない自然農で育てた野菜と、自家製の豆腐や手前味噌などを使った、体にやさしいオーガニックメニューを提供。

⌂ 那須町高久甲5834-14　☎0287-64-5573　⊕12:00〜15:30
⊕水〜金曜、冬季　⊜JR那須塩原駅から関東バスで30分、バス停「田代友愛小学校」下車、徒歩18分
🚗10台
那須高原中心　▶MAP 別 P.14C-2

和

地元の季節野菜

那須野秋そば

100%地元食材の手打ちそば

menu
**天もりそば 高林
1320円**
そばは、風味豊かな実を石臼製粉した「高林」と、石臼で皮ごと挽いた「田舎」の2種から選べる

そばの実の栽培から麺にするまですべて一貫して行う

地元食材尽くしの手打ちそば
農村レストラン高林坊
のうそんレストランこうりんぼう

かつて米や麦、そばなどの栽培が盛んに行われていた場所にある手打ちそばの店。隣接する畑で栽培した、香りと甘みが特徴の那須野秋そばを自家製粉している。

⌂ 那須塩原市木綿畑451-1　☎0287-68-7775　⊕11:00〜15:00
⊕木曜（祝日、GW、お盆は営業）　⊜西那須野塩原ICから車で25分
🚗50台
那須広域　▶MAP 別 P.12C-2

落ち着いた内装。すべてテーブル席

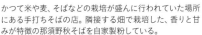

Restaurant cu-eriのクレームブリュレやそば粉のクレープ、夏限定のシャーベットなどデザートも美味！　119

EAT

さわやかな空気を感じて

テラスカフェでチルアウト

ティータイムは、那須高原の自然に囲まれたロケーション最高のカフェでキマリ！
ダイレクトに自然を感じるテラス席で、おいしいスイーツを味わって心地よい時間を過ごそう。

四季の花々が彩る
美しいガーデンテラス

Best View
緑の芝生とカラフルな花々が
咲くガーデンが一面に広がり、
散策も楽しめる

見た目も
かわいい♡

手作りスイーツが自慢

TEA GARDEN NATURE

ティー ガーデン ナチュール

敷地を囲むように広がる見事な
ガーデンは、日本を代表するガー
デナー、玉崎弘志と徳原真人によ
るもの。地元の食材や自家製ジャ
ムなどを使ったスイーツはすべて
オーナーの手作り。

🏠 那須町高久甲6225-13 ☎028
7-73-8787 ⏰11:00〜17:00（11
〜2月は〜16:00）🚫火〜木曜
🚗那須ICから車で10分 🅿16台
`那須高原中心` ▶MAP 別 P.14C-2

アフタヌーンティーセット
2750円

5種類のサンドイッチ、
スコーン、ケーキなどす
べて手作り

1 奥まで広がるガーデンを散策できる 2 店内は大
きなガラス窓が配されており、どの席からもガー
デンを見渡せる 3 ペット専用の席もある

Best View
建物を囲む緑のカーテンと小さな池に癒やされる

menu
生チーズケーキ
1140円
店でしか食べられない作りたてのチーズケーキ

木漏れ日が降り注ぐ緑あふれるテラス

人気チーズケーキ店の直営カフェ
カフェ＆ガーデン しらさぎ邸
カフェ＆ガーデン しらさぎてい

チーズガーデン 那須本店(→P.127)に隣接。カフェの周りはガーデンになっており、季節の花が咲き誇る。ロース肉のさっぱりカツレツ2200円など手作りにこだわった食事メニューも充実。

🏠 那須町高久甲喰木原2888　☎0287-64-4848　🕘9:30～18:00(時季により変動)　休無休　🚃JR那須塩原駅から関東バスで30分、バス停「チーズガーデン前」下車、徒歩5分　🚗150台
那須高原中心　▶MAP 別 P.14C-2

北欧を感じる森のカフェ
フィンランドの森 森のvoivoi
フィンランドのもり もりのヴォイヴォイ

北欧雑貨の店やチーズ料理を楽しめるレストランなどがあるフィンランドの森。その中にあるカフェ、森のvoivoiでは本格的なフィンランド料理と見た目も楽しいパンケーキが味わえる。

🏠 那須町高久乙2730-7　☎0287-73-8582　🕘11:00～16:30LO(変動あり)　休水曜　🚃JR那須塩原駅から関東バスで31分、バス停「上新屋」下車、徒歩2分　🚗60台
那須高原中心　▶MAP 別 P.14B-1

Best View
広いテラス席からは春夏には新緑、秋の紅葉、冬の雪景色が楽しめる。テラス席はワンちゃんもOK

フィンランドの森のカフェでもちふわパンケーキを堪能

menu
スペシャル生クリームパンケーキ
2000円～(2枚～)
生クリームとバニラアイスをのせたイチゴのスペシャルパンケーキ

Best View
ウッドデッキからは遠くにそびえる那須連山が見られる

開放的なウッドデッキでリラックス

menu
ファシルプリン
440円
ファシルオリジナル
590円
ほろ苦いプリンをハンドドリップしたコーヒーとともに召し上がれ

気分が上がるおしゃれカフェ
Cafe Facile
カフェ ファシル

ウッドテイストのおしゃれなカフェ。店内はビンテージ家具が置かれ、テーブル席以外にリラックスできるソファ席がある。地元野菜や食材を使用したランチメニューも人気。

🏠 那須町高久甲5462-1　☎0287-62-5577　🕘10:00～17:00　休不定休　🚃JR那須塩原駅から関東バスで30分、バス停「チーズガーデン前」下車、徒歩4分　🚗20台
那須高原中心　▶MAP 別 P.14B-2

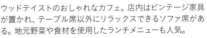

フィンランドの森 森のvoivoiでオーダーするパンケーキは枚数やソースをカスタマイズできる。

那須高原

SHOPPING

本州有数の酪農地域だから作れる
ナチュラルチーズをGET!

100% 手作りチーズ

 ツウ向け

フレッシュ・モッツァレラ
810円
もちもち食感がたまらない！季節で異なる風味を楽しんで

フレッシュチーズ
660円
酸味がさわやかな一品。ジャムやフルーツにかけて召し上がれ

カチョカバロのたまり漬け
1340円
生乳の旨みを凝縮し、たまり醤油で漬け込んでいる

燻製モッツァレラチーズ
1500円
ヒッコリーと桜の木で燻製したチーズ。ビールとの相性バッチリ

リコッタチーズ
1010円
低脂肪なチーズはカレーやラーメンのトッピングに！

初心者向け

さけるチーズのたまり漬け
730円
食感がクセになる。ワインや日本酒などお酒のお供に

イチオシ

モッツァレラチーズのたまり漬け
720円
コクと旨みがギュッと詰まった人気商品

素材にこだわった手作りチーズ
あまたにチーズ工房
あまたにチーズこうぼう

那須にある摩庭牧場で放牧された牛の生乳を使って手作りした無添加のチーズが並ぶ。気候や風土を生かし、季節によって製造工程を変えているため、時季によって風味が異なる。

🏠 那須町湯本206-530　☎0287-76-2723　🕙10:00～17:00　⊗水曜　⊗JR那須塩原駅から関東バスで39分、バス停「新那須」下車、徒歩12分　🚗8台
那須温泉郷 ▶MAP 別P.15F-3

フクロウ！の像が目印

丹精込めて手作りしています！

手作りバター1650円もおすすめ

📖 **What is**

ナチュラルチーズ

牛や山羊などの生乳に、乳酸菌などの凝乳酵素を加えて固め、発酵して熟成させたもの。主に7種類に分類される。

● **フレッシュチーズ**
熟成していないため、さわやかな風味でクセがない。

● **セミハードチーズ**
チーズを作る過程でプレスして水分を少なくしたチーズ。マイルドな味わい。

● **ウォッシュチーズ**
外皮を酒や塩水で洗いながら熟成させる。匂いが強く、上級者向け。

チーズの原料である生乳は何と言っても鮮度が命！那須には、本州で最も生乳生産量が多い酪農地だからこそ作れるハイレベルなチーズが勢揃い。料理に使ったり、お酒と一緒に味わって！

自社牧場のフレッシュミルク

初心者向け

ゆきやなぎ（塩入り）770円
塩味がアクセントのフレッシュチーズ。オリーブオイルやわさび醤油をかけて食べると美味

りんどう 700円
皮まで柔らかく、ソースとしても使えるウォッシュチーズ

朝日岳 650円
山羊ミルクを使用。なめらかなクリームタイプで臭みが少ない

おおひなた 1100円
ミルクのクリーム感が広がる白カビチーズ

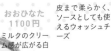

イチオシ

みのり 670円
2カ月熟成させたセミハードタイプ。やさしいミルクの味わい

ツウ向け

なすの 550円
炭をまぶして10日熟成させた牛乳製酸凝固タイプ

茶臼岳 2400円
山羊のミルクを使用した日本では珍しいチーズ。4〜11月の季節限定

牛と山羊とともにおいしいチーズを作っています

世界も認めたチーズ
那須高原今牧場チーズ工房
なすこうげんいまぼくじょうチーズこうぼう

国内外のチーズコンテストで多くの賞を受賞した実力派。敷地内の牧場で搾乳したフレッシュなミルクをすぐ隣の工房に運び加工する。山羊のチーズも絶品！

🏠 那須町高久甲5898　☎0287-74-2580　⏰10:00〜16:00　⊗水曜　🚗那須ICから車で6分　🅿2台
`那須高原中心` ▶MAP 別 P.140-2

チーズ工房は牧場に隣接している

小さなチーズ工房

初心者向け

ハーレー牧場ゴーダチーズ 1250円
4カ月以上熟成させたハードタイプのチーズ。そのままでも、パンやクラッカー、パスタなどとも相性のいい万能チーズ

さけるチーズ 480円
眞嶋牧場が直営するショップ、So-bokuのチーズ。こしょう味などもある

ブレーン

イチオシ

カチョカバロ 1100円
クセがなく食べやすい。フライパンなどで火を通すと旨みがアップ！

那須の地元食材が集結

モッツァレラ御用邸 700円
那須高原ハーレー牧場のチーズ。すべて手作業で作ったフレッシュな一品

那須塩原の味覚が集合
道の駅「明治の森・黒磯」
みちのえき「めいじのもり・くろいそ」

那須塩原の新鮮な野菜や加工品、お菓子などを販売する。地元のチーズ工房で作るナチュラルチーズも複数取り揃えている。仮店舗で営業中（下記参照）。

🏠 那須塩原市青木101　☎080-7760-5554　⏰9:00〜15:30　⊗秋・冬季の月曜　🚃JR那須塩原駅から関東バスで30分、バス停「青木別荘前」下車、徒歩11分（仮店舗）　🅿15台
`青木` ▶MAP 別 P.14A-3

道の駅「明治の森・黒磯」はリニューアル工事にともない2023年4月〜、近くの青木サッカー場内にて仮店舗での営業中。

SHOPPING

話題のベーカリーの人気パンが大集合！

おいしいパンを探しにGO!

パン愛好家の間でもおいしいパン屋が集まっていると話題の那須は、たくさんの
ベーカリーが集まる激戦区。わざわざ訪ねる価値のある名店の人気パンをランキング！

ありそうでなかった
ユニークなパンが揃う

> 内装も
> ステキ♡

ウッドテイストのおしゃれな店内。パンそれぞれのユニークなポップにも注目

\人気/
No.1
300円

シナモンロール
クロワッサン風に仕上げている。オレンジが効いてさわやか

あんバタープレッツェル
食感を生かすために自家製のあんこをサンド！
280円

No.2
北欧のシナモンロール
ナツメグやカルダモンなどのスパイスを使っている

No.3
380円
パンドミ
ホップの酵母を使うことでしっとりとした食感に

No.4
300円

注目の新鋭ベーカリー

SHŌPAIN ARTISAN BAKEHOUSE
ショウパン アルティザン ベイクハウス

オープン当初からパン通の間で評判のニューカマー。ひとひねりあるユニークな無添加のパンが60種類ほど並ぶ。使用するカレーやあんこなどの食材も一から手作りしている。

🏠 那須塩原市西三島 3-183-276　☎0287-48-7707　🕘9:00〜17:00　🈂日・月曜　🚃JR西那須野駅から車で7分　🚗5台

那須広域　▶MAP 別 P.13D-3

築60年の建物をリノベしている

2階は地元の商品が並ぶジェネラルストア

お菓子やケーキも人気

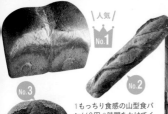

丹精込めて焼き上げる窯焼きパン

No.1 \人気/

No.2

No.3

1 もっちり食感の山型食パン660円 2 2時間をかけてイーストを発酵させ焼き上げたバゲット367円 3 酸味がほどよいパンドカンパーニュ1160円

パン好きを唸らす人気店

NAOZO
ナオゾー

那須を代表する名店。特注の石窯で丁寧に焼き上げるパンはどれも絶品。店主がひとりで焼いており、焼き上がってもすぐに売り切れてしまうことも。確実に買うなら予約がおすすめ。

🏠 那須塩原市西岩崎232-454 ☎0287-68-0192 🕐9:00〜18:00 ㊡木曜、不定休（1・2月は水・木曜）🚗那須ICから車で15分 🚙4台

那須高原中心 ▶MAP 別 P.14A-2

パンごとに焼き上がる時間が決まっている。店前の看板をチェックしよう

自家製の天然酵母を使ったこだわりパン

ビートルズ愛にあふれた老舗ベーカリー

\人気/

No.2

No.1

No.3

隠れた名店

Croce
クローチェ

森の中に佇むベーカリー。自家製の天然酵母を使って店内で焼き上げた味わい深いパンが魅力。バゲットや食パン、菓子パンなど常時10種類が並ぶ。

1 天然酵母のブール420円 2 クルミとカレンズが入ったメランジェ280円 3 クルミとクランベリーの天然酵母パン430円

🏠 那須塩原市細竹10-9 ☎0287-69-0310 🕐10:00〜16:00 ㊡日・月曜 🚗那須ICから車で17分 🅿スペースあり

那須高原中心 ▶MAP 別 P.14A-2

\人気/

No.1

No.2

No.3

長年愛される王道パン屋

ベーカリー ペニーレイン 那須店
ベーカリー ペニーレイン なすてん

1 ブルーベリーブレッドはハーフ460円、1本920円 2 カスタードとリンゴが入ったリンゴスター550円 3 那須あんぱん600円

多くの観光客が訪れる、レストランを併設した人気店。最上級の小麦を使った約100種類ものパンが並ぶ。ビートルズのコレクションも必見！

🏠 那須町湯本656-2 ☎0287-76-1960 🕐8:00〜17:00 ㊡無休 🚗那須ICから車で22分 🚙60台

那須高原中心 ▶MAP 別 P.14B-1

🌿 SHŌPAIN ARTISAN BAKEHOUSE のジェネラルストアでは、店主がセレクトしたセンスあるおみやげや海外のお酒を販売。

SHOPPING

那須みやげに迷ったらコレ！
高原みやげセレクション★

食材の宝庫である那須は、おみやげの種類もバラエティ豊か。定番品からユニークなアイテムまでをピックアップ。おすすめは、酪農の里だからこそ味わえる新鮮なミルクを使った乳製品。

手軽でバリエ豊富！
Sweets

ダクラク 58% C
カカオ分58％のタブレットチョコ。カカオのフルーティーさが広がる

820円

バターのいとこ A E
無脂肪乳を使ったミルクジャムをワッフル生地でサンドした新食感の一品。ミルクとチョコがある

人気

バターのいとこ
972円

バウムクーヘン D
ロイヤルジャージーのミルクをたっぷり使用。しっとりした食感

950円

御用邸チーズケーキ B
厳選した数種類のチーズを使用。職人がひとつずつ手焼きしている

1580円

定番

756円

いとこのラスク A E
バターのいとこを作る際に出た生地の切れ端をこんがり焼いている

牧場のフレッシュ製品
Milk

人気

小 220円
大 680円

森林ノ牛乳 E
濃厚な口当たりのジャージー牛乳。季節によって異なる風味を味わって

こだわりバター御用邸
無塩バター F
那須高原ハーレー牧場で育った牛の生乳をたっぷり使用

120g 900円

990円

ジャージードリンク D
さわやかでコクのあるロイヤルジャージー牛乳

発酵バター E
春〜秋はビタミン類が豊富で香りが強く、冬は濃厚でコクがある

各1620円

カワリダネ

しぼる
ヨーグルト E
すっきりとした素朴な味わい。チューブタイプで使いやすい

各 750円

千本松牧場
ミルクコーヒー F
砂糖不使用で牛乳の甘さが引き立つ。ノンカフェイン

170円

個性豊かなメニュー

Food & Drink

岩崎養蜂場のはちみつ F

那須塩原市の養蜂場で採れた濃厚な甘味のある新鮮な純粋はちみつ

1300円

人気

いのちのミートソース E

540円

併設のカフェで人気のメニュー。コクがありながらもあっさり

Coquelicot (コクリコ) ジャム F

各800円

那須塩原ブランド認定品。那須塩原市の加工所で丁寧に加工しており、季節ごとに旬の果物を使用したジャムを販売

野州支那そば F

210円

那須塩原市にある星野製麺の乾麺。地元産の小麦を使用

関東・栃木 レモン F

200円

栃木県産の生乳に砂糖やレモン香料を加えている、栃木のご当地ドリンク

定番

ジャージー牛 ビーフジャーキー E

500円

ジャージー牛の肉を使用。噛むほどに肉の旨みが増す

赤松経木 (おむすび包みセット) F

500円

那須塩原ブランド認定品。天然材の赤松で作った経木(きょうぎ)は自然環境に優しく、殺菌性・通気性に優れ、食品の鮮度を保ってくれる

SHOP LIST

Chusの姉妹店

A バターのいとこCAFE

バターのいとこカフェ

新銘菓として注目を集める、バターのいとこの専門店。カフェを併設しており、数量限定「いとこのアイス」も販売。

🏠 那須町高久乙2905-25 ☎0287-62-2100 🕐9:00～17:00 🈺第2木曜 🚃JR那須塩原駅から関東バスで30分、バス停「田代友愛小学校」下車、徒歩5分 🚗40台
那須高原中心 ▶MAP 別 P.14C-2

大人のチョコレートを召し上がれ

B チーズガーデン 那須本店

チーズガーデン なすほんてん

那須の定番みやげといえば、こちら。御用邸チーズケーキのほか、チーズにこだわった焼き菓子などを販売。

🏠 那須町高久丙喰木原2888 ☎0287-64-4848 🕐9:00～18:00 🈺無休 🚃JR那須塩原駅から関東バスで30分、バス停「チーズガーデン前」下車、徒歩5分 🚗150台
那須高原中心 ▶MAP 別 P.14C-2

大人のチョコレートを召し上がれ

C Kotje Le Chocolat

コッチェ ル ショコラ

森に囲まれた小さなチョコレート専門店。ベトナム・ダクラク産のカカオ豆を焙煎から一貫して手作りしている。

🏠 那須塩原市青木139-18 ☎0287-74-2031 🕐10:00～16:00 🈺日・月曜 🚃JR那須塩原駅から関東バスで30分、バス停「青木別荘前」下車、徒歩9分 🚗3台
青木 ▶MAP 別 P.14A-3

牧場内のギフトショップ

D Mekke!

メッケ！

那須高原りんどう湖ファミリー牧場(→P.111)の入口に隣接するみやげ店＆カフェ。入園しなくても来店可能。

🏠 那須町高久丙414-2 ☎0287-76-3111 🕐10:00～16:30 🈺無休 🚗那須ICから車で10分 🚗2000台
那須高原中心 ▶MAP 別 P.14C-2

E 森林ノ牧場 →P.104

しんりんのぼくじょう

F 道の駅「明治の森・黒磯」 →P.123

みちのえき「めいじのもり・くろいそ」

SHOPPING

見ているだけでワクワクが止まらない！
かわいいナチュラル雑貨探し

すべて手作り！心が和む木製雑貨

1ナチュラルテイストの多彩なアイテムがぎっしりと並ぶ 2カラフルなキャンドルホルダー。右1150円、左1650円 3コロンとしたフォルムとつぶらな瞳がキュートなつま楊枝入れ各1350円 4小さな花を飾るのにぴったりな一輪挿し各1200円

1長崎県の波佐見焼を現代風にアレンジしたHASAMI PORCELAINの食器660円〜 2ディッシュブラシ880円〜やミニホウキ2640円〜などインテリアとしてもかわいい商品が並ぶ 3吸収性や速乾性に優れたコットン製のタオル880円。少し長めで入浴やスポーツに最適 4インド製のシンプルな耐熱グラス770円〜

暮らしをアップグレードする生活道具

工房併設の雑貨店
生活雑貨 Flange
せいかつざっか フランジ

サクラやケヤキなど15〜20種類の国内外の木材を使い、夫婦で手作りしている。ペン立てやキースタンドなど使い勝手のよいさまざまな雑貨が並ぶ。

小さめのカッティングボード。レッドシダー2400円（右）、ナラ2000円（左）

🏠 那須町高久甲4453-1048 ☎090-1405-6014 ⏰10:00〜16:30 ㊡火・木曜 ㉑JR那須塩原駅から関東バスで25分、バス停「お菓子の城」下車、徒歩4分 🚗8台
那須高原中心 ▶MAP 別P.14C-2

隣の工房で手作りしています

生活を豊かにする道具がずらり
WHITENOTE
ホワイトノート

食器やキッチン用品、インテリア、洋服などの日用品を販売。生活に気軽に取り入れられて、長く使えて、修理できることを重視してセレクトしている。

無添加の釜焚き石鹸。米ぬか835円、カミツレ、ラベンダー各990円

🏠 那須町高久乙142-19 ☎0287-73-8300 ⏰10:00〜17:00 ㊡金曜 ㉑JR那須塩原駅から関東バスで20分、バス停「田代」下車、徒歩1分 🚗20台
那須高原中心 ▶MAP 別P.14 C-2

国内のブランドを中心に揃えています

上質な暮らしの道具が揃うお店や手作りの木製雑貨店、北欧のセレクトショップなど、日常に彩りを加えてくれるお店をセレクト。自分へのご褒美やみやげにぴったりなアイテムがきっと見つかる！

地元の杉で作る
ほっこり系アイテム

1LISA LARSONのアニマルキーホルダー各1320円 2mozのトートバッグ各2750円 3Marimekkoのバリエ豊富な食器が揃う。各2750〜3630円 4光が差し込む明るい店内

1インテリアになる八溝杉の鉢カバー1650円。3個セット1100円や5個セット1650円もある 2一輪挿し1100円。屋根と試験管の色が統一されている 3癒やしの表情が描かれたメガネスタンド3500円 4いろいろな形がある多肉植物付き鉢カバー605円

話題の北欧グッズをセレクション

緑に囲まれた小さなショップ

ヒュッグリー

リピーターが多く訪れる、森に囲まれた場所にある北欧雑貨店。こぢんまりとした店内には、食器やポーチ、キッチンタオルなど鮮やかなアイテムが並ぶ。

丁寧に手作りされた木製カードホルダー。Lサイズ825円、Sサイズ660円

木製マスキングテープ・カッター1309円

🏠 那須町高久乙2733-18 ☎0287-78-3577 ⏰10:00〜16:30（土・日曜・祝日は〜17:00）🈺月により異なる、冬季 🚃JR那須塩原駅から関東バスで30分、バス停「上新屋」下車、徒歩2分 🚗6台

那須高原中心 ▶MAP 別 P.14B-1

オーダー家具店の雑貨

じざい

夫婦でアイデアを出し、家具職人のご主人が手作りした温かみのある木製用品を販売。地元の八溝杉を使っており、店内は杉のいい香りが漂う。

オリジナルアイアンフック各1650円

🏠 那須町高久丙1183-31 ☎0287-76-6181 ⏰10:00〜17:00 🈺水・木曜 🚗那須ICから車で15分 🚗7台

那須高原中心 ▶MAP 別 P.14C-1

洋服などの雑貨もあります

🌿 生活雑貨 Flangeの隣に工房があるため、作業していれば木を削る音が聞こえてくる。　129

黒磯

WALK

那須屈指のおしゃれエリア
黒磯でカフェ&ショップめぐり

黒磯駅周辺は、カフェをはじめ、雑貨店やベーカリーなどのハイセンスな個人店が集まる、おしゃれっ子注目のエリア。散策しながら気になるお店を覗いてみよう!

01 EAT
黒磯の名を広めた
リノベカフェを満喫

まずは、黒磯が現在のようなおしゃれエリアとして発展したきっかけとなったカフェへ。秘密基地のような店内に心も躍る!

> 席ごとに家具も異なる

1 テイストの異なる家具やインテリアがセンスよく配された居心地のいい店内 2 2階建てのアパートを改装している 3 コーヒーは丁寧にハンドドリップしてくれる 4 スコーンとケーキのセット、ケーキシエスタ750円と森のブレンド G2は630円

What is

黒磯

1988 CAFE SHOZOのオーナーが近辺の古民家を改築し、雑貨店やアンティークショップを始め、徐々におしゃれな店が増えた。

リノベカフェの先駆け
A 1988 CAFE SHOZO
1988 カフェ ショウゾウ

全国からカフェ好きが訪れる名店。1階がショップ、2階がカフェになっており、随所に配されたアンティーク家具が居心地のいい空間を演出している。人気メニューは手作りのスコーン。

🏠 那須塩原市高砂町6-6　☎0287-63-9833　🕐11:00〜18:00LO　㊡不定休　🚃JR黒磯駅から徒歩12分　🚗30台
黒磯 ▶MAP 別 P.12A-1

黒磯おさんぽMAP

SOMA JAPON E
1988 CAFE SHOZO A

Chus (→P.134)

G ROOMS
LUNETTES+山の道具屋 F

黒磯神社

B CAFÉ DE Grand Bois
C KANEL BREAD

西通り

黒磯小学校

黒磯駅

まるぱん工房 D

旭通り

H 那須塩原市図書館 みるる

02 EAT
個性あふれるカフェでコーヒーブレイク

黒磯には、王道のカフェ以外にも個性豊かなカフェが点在している。タイプの異なる、居心地のいいお店をご紹介。

レトロ系

店内は落ち着いた雰囲気

芦野石と大谷石を使った重厚感のある建物

趣のあるカフェレストラン
B CAFÉ DE Grand Bois
カフェドグランボワ

大正5(1916)年に建てられた元銀行を改装した、レトロな佇まい。大きな時計が配された店内はシックな雰囲気。オムライス1100円などのランチや手作りのスイーツを提供している。

🏠 那須塩原市本町5-19 ☎0287-64-2330 🕐11:00～14:30LO、18:00～20:00LO ⊗火曜、第2・4月曜 🚃JR黒磯駅から徒歩2分 🚗9台
黒磯 ▶MAP 別 P.12B-1

アップルパイバニラアイスのせとブレンドコーヒーのデザートセット950円

---

03 SHOPPING
こだわりベーカリーで
売り切れ必至のパンをゲット！

ベーカリーも多く、どこもハイレベル！素材にこだわった人気No.1のパンを売り切れる前に買いに行こう。

お店の看板パン！ 人気No.1

言わずと知れた名店
C KANEL BREAD
カネル ブレッド

ベーカリー激戦区の那須を代表する名店。厳選した小麦やライ麦など素材がもつ個性を最大限に引き出して作っている。ハード系や総菜系、菓子パンまでさまざまな種類が並ぶ。

購入したパンは併設のカフェで食べることができる

🏠 那須塩原市本町5-2 ☎0287-74-6825 🕐9:00～17:00 ⊗火曜 🚃JR黒磯駅から徒歩すぐ 🚗5台
黒磯 ▶MAP 別 P.12B-1

人気No.1

食感が楽しい、イチジク・クルミ・クリームチーズ230円

チョコレート味のハリネズミ右170円、左160円

CUTE!

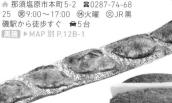

北海道小麦をメインに使い、手ごねして作ったバゲット389円

愛らしい動物パンが話題
D まるぱん工房
まるぱんこうぼう

閑静な住宅街に立つ小さなパン屋。天然酵母を使用してじっくりと時間をかけて発酵させたパンは、素朴でやさしい味わい。クマやハリネズミなどのかわいらしい動物パンが人気。

ココア生地の中にはチョコレートが詰まっている。くまパン250円

WOW!

自家製あんと厚切りのバターがたまらない、あんバターサンド411円

外はパリッ、中はしっとりとしたクロワッサン324円

🏠 那須塩原市原町6-372 ☎0287-63-7006 🕐10:00～18:00（売り切れ次第終了）⊗日・月曜 🚃JR黒磯駅から徒歩12分 🚗4台
黒磯 ▶MAP 別 P.12C-1

店内はこぢんまりとしている

🌟 1988 CAFE SHOZOの1階にあるショップでは、マグカップなどのオリジナルグッズを販売。

CUTE!

04 SHOPPING
持っていたら一目置かれる雑貨を見つける

雑貨愛の強い店主がセレクトした個性豊かなアイテムがずらり。隅までじっくり見てお気に入りを見つけよう。

> 青い建物が目印

古い建物を改装した温かみのある店舗

山梨のリネンブランド、R&D.M.Coのキッチンクロス各3740円

あどけないシロクマがポイントの牛革のポーチ2万900円

ちょっとイイもの揃えてます
E SOMA JAPON
ソウマ ジャポン ♡

DIYした趣のある建物を利用した雑貨店。食器や洋服など、乙女心をくすぐるアイテムがセンスよくディスプレイされている。国内だけでなく、トルコやリトアニアなどの民芸品も揃う。

🏠那須塩原市高砂町6-5 ☎0287-62-5320 ⏰11:00〜18:00 ㊡無休(臨時休業あり) 🚃JR黒磯駅から徒歩11分 🚗4台
黒磯 ▶MAP 別 P.12A-1

> 暮らしに彩りを添えるアイテムを揃えてます

シンプルなアイテムが並ぶ

05 SHOPPING
ユニセックスなアイテムを取り入れる

ユニセックスなテイストを加えて、旅先で新しいおしゃれに挑戦してみては?

おしゃれ着とアウトドア用品が合体
F LUNETTES+山の道具屋
リュネッツ + やまのどうぐや

入口を入って右側に洋服店、左側にアウトドアショップがある、ユニークな店。洋服店では国内のブランドが中心で、長く使える上質で飽きのこないデザインをセレクトしている。

🏠那須塩原市豊町8-37 ☎0287-74-2405 ⏰12:00〜18:00 ㊡不定休 🚃JR黒磯駅から徒歩10分 🚗10台
黒磯 ▶MAP 別 P.12A-1

> 上質な洋服とアウトドア用品をご用意してます

倉敷のアパレルブランド、HARVESTYのサーカスパンツ1万7380円

久留米のシューズブランド、PRASのシューズ1万6280円〜

---

06 SHOPPING
国内外のアンティークを掘る

黒磯のアンティークショップといえばここ。メイン通りに、センスよく配されたアンティークの数々が出迎えてくれる。

家具から小物まであらゆるアンティークがずらり

国内外のアンティークが混在
G ROOMS
ルームス

経年変化が楽しめて愛着が湧くことを基準に、ヨーロッパやアジアなどの海外や国内の家具や食器などのアンティークを扱う。年代も幅広く、個性的な新品のアイテムも揃う。

🏠那須塩原市高砂町1-9 ☎0287-64-5650 ⏰12:00〜18:00 ㊡不定休 🚃JR黒磯駅から徒歩11分 🚗6台
黒磯 ▶MAP 別 P12A-1

デンマークの陶磁器ロイヤルコペンハーゲン2万2000円

北海道旭川の佐藤憲治の木彫り熊5万5000円

倉敷のノッティング織の技法を用いた若松由香の手織りの椅子敷2万2000円

07 TOURISM
次世代の図書館を1時間で回る

黒磯の新たな名所として注目されている図書館。駅前にあるので、電車の待ち時間に立ち寄ってみよう。

SNS映え間違いなし！

H 那須塩原市図書館 みるる
なすしおばらしとしょかん みるる

ブックディレクターの幅允孝が空間のデザインや選書を行った図書館。森をイメージした館内には、SNS映えする本棚、飲食やおしゃべりOKなスペースのほか、カフェまで併設。

🏠 那須塩原市本町1-1 ☎0287-63-9031 ⏰10:00～21:00（土・日曜・祝日は～18:00）🈺月曜（祝日の場合は翌平日）🚉JR黒磯駅から徒歩すぐ 🚗周辺駐車場利用

黒磯 ▶MAP 別 P.12B-1

所要 5分 **屋内の通りを歩く**
1階には黒磯駅から続くひとつの通りをイメージした、みるるアベニューが広がる

START! 所要 5分 **建物をチェック**
まずは、外から特徴的な建物をじっくり見学。栃木出身のデザイナー、伊藤麻理によるデザイン

本棚にはジャンルを表すアイテムが一緒に飾られている

所要 5分 **映える階段**
階段を上り2階へ。黒磯駅側にある階段は人気の撮影スポット

所要 20分 **見どころ満載の1階**
1階のハイライトは、天井まで延びた本棚。「言葉の彫刻」が装飾されている

2つのギャラリーがあり、企画展が行われている

FINISH!

所要 10分 **シメはカフェで！**
1階にあるモリコーネでブレイクタイム。人気メニューはミルクジャムソフトクリーム650円

所要 15分 **趣の異なる2階**
2階は学習や読書スペース。天井に木のルーバーを張り付け、葉の裏を表現

雑誌コーナーの近くにあり、本を読みながら飲食OK

スキムミルクを使ったふわふわドーナツにソフトクリームをのせた、ドーナツソフト750円

議論や対話することを目的としたアクティブラーニングスペースもある

読書や勉強の息抜きにぴったりなテラス席

SHOPPING

那須のこだわりの食品・料理が凝縮！

美味を“Chus”で全部どり！

生産者の熱い思いが詰まった那須の食が大集合

ひと味違うおみやげが揃う

Chus
チャウス

地元食材を多くの人に提供したいと小さなマルシェをスタートしたのがきっかけ。その後、現在の常設店舗をオープン。ギフトショップやレストラン、ゲストハウスが入っている。

那須塩原市高砂町6-3 ☎0287-74-5156 営10:00〜17:00（土・日曜は〜20:00）休第2木曜 交JR黒磯駅から徒歩11分 🚗7台
黒磯 ▶MAP 別 P.12A-1

スタッフによる手書きのポップにも注目

Shopping

MARCHE
スタッフが本気ですすめるおみやげをGET！

店舗1階の手前にあるショップは、〝毎日朝市が楽しめる〟がコンセプト。地元の生産者が直接届けた那須の肉や野菜、加工品が揃う。

人気

ドライフルーツティー 各302円

無添加で砂糖不使用のドライフルーツを使用

オススメコメント
牛乳や果物、ヨーグルトと一緒に食べるなどアレンジしても美味！

イチオシ

FARM1739 いなぽん 380円

150年以上続く稲作農家が作るポン菓子。味付けは砂糖、塩のみ

オススメコメント
無脂肪乳を使った自慢のオリジナル商品！

ストロベリージャム 800円

減農薬や有機栽培を中心とした果実を使用した無添加ジャム

王道

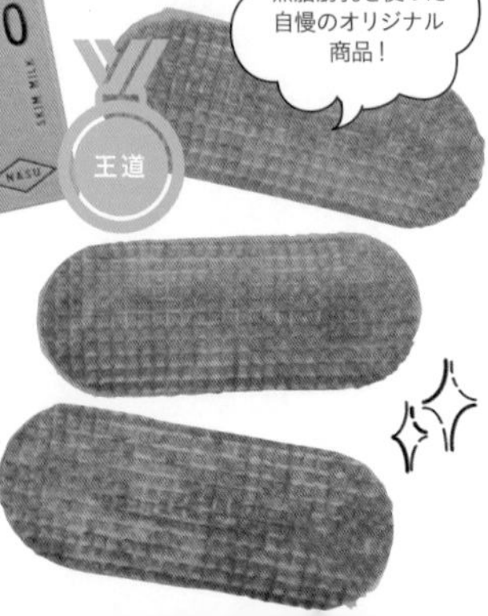

バターのいとこ プレーン 972円

ふわっ、シャリッ、とろっの3つの食感がクセになる

味恋とまとジュース 1100円

100％無添加。とろっとしたピューレのような口当たり

とちぎ和牛ビーフカレー 540円

ホルスタインの牛肉を使っており、脂が少なく食べやすい

厳選した那須の食が集まる、黒磯の人気店へ！
おみやげ探しや食事がひとつの施設で完結す
るので、時間がないときにもぴったり。

TABLE
オール地元食材の
フルコースをオーダー

店舗奥にあるバー＆ダイニングでは、
那須の食材を使ったメニューを提
供。KANEL BREAD（→ P.131）など
那須の有名店のメニューもある。

MAIN
那須野菜

那須野菜や那須御養卵をぜ
いたくにトッピングした鶏肉
と野菜のスパイスカレー。甘
メ・辛メ各1430円。あいがけ
1650円もある

DESSERT
那須御養卵

和栗のクリームをた
っぷりかけた、裏那須
モンブラン1210円

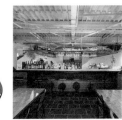

バーカウンターと大きなテーブル席
がある

森林ノ牧場のミルク

ジャージー牛のミルク
を使った濃厚な味わい
のソフトクリーム450円

NICE!

CUTE!

季節のシロップを組み合わ
せたサンデーは各650円

ゲストハウスにステイもできる！

ミニマムな
雰囲気が◎

店舗2階はすべてゲ
ストハウスになって
おり、客室はドミト
リー、ツイン、ダブル、
ロフト、和室の5タイ
プ。トイレ、シャワー
は共用。アメニティ
は使い捨てのものを
置かず、必要最低限。

開放感のある宿泊者専用の共用ラウンジスペース

木のぬくもりを感じるシンプルなツイン1名1泊
7200円〜

TOURISM

那須のシンボル・那須岳の麓をぐるり

絶景ドライブでヒーリング

那須連山の麓にある那須温泉郷は、標高が高く絶景スポットが満載！
特に那須のシンボルである那須岳から見下ろすパノラマビューは必見！

那須連山と草原のコラボビュー

広い敷地内の一番奥にある放牧場

人懐っこいガーンジィ牛

Check!

キュートな動物と触れ合える

ヤギやヒツジ、モルモットなどの動物と触れ合ったり、餌やりができる。

START!

遊べるエンタメ牧場

① 那須高原 南ヶ丘牧場

なすこうげん みなみがおかぼくじょう

日本では珍しいガーンジィ牛を飼育。ショップや飲食店、レジャー施設なども充実。ご当地牛乳グランプリで最高金賞を受賞したガーンジィゴールデンミルク610円もぜひ。

🏠 那須町湯本579 ☎0287-76-2150 ⏰8:00〜17:30（時季により変動）🗓無休 💰無料 🚉JR那須塩原駅から関東バスで38分、バス停「一軒茶屋」下車、徒歩15分 🚗400台
那須温泉郷 ▶MAP 別P.15E-3

クリーミーで濃厚な名物のソフトクリーム450円

2.5km
6分

石の手前まで遊歩道が整備されている

「九尾の狐」にまつわる伝説が残る史跡

② 殺生石 せっしょうせき

一面に岩石が転がり硫黄の匂いが立ち込める、荒涼とした風景が広がる景勝地。殺生石は2022年3月にふたつに割れてしまい、慰霊祭並びに平和祈願祭を執り行った。

🏠 那須町湯本182 ☎0287-76-2619（那須町観光協会）⏰散策自由 🚉JR那須塩原駅から関東バスで50分、バス停「那須湯本温泉」下車、徒歩5分 🚗13台
那須温泉郷 ▶MAP 別P.15E-2

2km
4分

大パノラマに感動！

③ 那須高原展望台(恋人の聖地)

なすこうげんてんぼうだい（こいびとのせいち）

標高1048mの場所にある展望台。晴れていれば、茨城県と福島県の県境にある八溝山まで見渡すことができる。夜景も美しく、デートスポットとしても人気が高い。

🏠 那須町湯本 ☎0287-76-2619（那須町観光協会）⏰散策自由 🚉JR那須塩原駅から関東バスで57分、バス停「展望台上」下車、徒歩2分 🚗10台
那須温泉郷 ▶MAP 別P.15E-2

那須連山や関東平野などが一望できる

那須岳の中腹まで楽々アクセス！

④ 那須ロープウェイ

なす ロープウェイ

標高1915mの茶臼岳の9合目までを結ぶロープウェイ。展望台からは那須高原の大パノラマが見渡せる。山頂駅から茶臼岳の頂上までは片道1時間のトレッキングが楽しめる。

🏠 那須町湯本那須岳215 ☎0287-76-2449 ⏰3月中旬〜12月中旬の8:30〜16:30（下り最終16:20。時季により変動）🗓期間中無休、悪天時 💰往復1800円、片道1200円 🚉JR那須塩原駅から関東バスで1時間17分、バス停「那須ロープウェイ」下車、徒歩すぐ 🚗170台
那須温泉郷 ▶MAP 別P.15D-1

Green Season

7〜8月には緑の絨毯と青空が織り成す美しい景色が見られる

4km
8分

Red Season

10月になると赤や黄色の紅葉が山々を彩る

Check!

朝イチは雲海が発生!?

那須温泉郷は昼夜の寒暖差が激しいため、早朝に雲海が見られることもある。

DRIVE ROUTE

START!   GOAL!

| ① 那須高原 南ヶ丘牧場 | ▶ 2.5km 6分 | ② 殺生石 | ▶ 2km 4分 | ③ 那須高原展望台（恋人の聖地） | ▶ 4km 4分 | ④ 那須ロープウェイ | ▶ 5km 8分 | ⑤ つつじ吊橋 | ▶ 4km 7分 | ⑥ 那須バギーパーク | ▶ 1km 4分 | ⑦ 森のカフェ 風雅 |

簡単ドライブNAVI

那須連山に近づくほど、カーブや細い道が多くなるので運転に注意しよう。また、標高の高いところでは夏でも肌寒いので上着は必須。

Green Season

青々とした緑と茶臼岳が一望できる

ゆらゆら揺れてスリル満点！

四季を彩る橋   5km 8分

⑤ つつじ吊橋
つつじつりばし

全長130m、高さ38mの風光明媚な吊り橋。橋の中央は格子状になっており、下を流れる苦戸川が透けて見えてスリリング！吊り橋を渡った先に八幡ツツジ群落が広がる。

♠ 那須町湯本 ☎0287-76-2619（那須観光協会）⏲散策自由 🚃JR那須塩原駅から関東バスで56分、バス停「つつじ吊橋入口」下車、徒歩すぐ 🚗46台
那須温泉郷 ▶MAP 別 P.15E-2

Red Season

紅葉の見頃は10月下旬。カエデやミズナラなどが山を彩る

Check!

ツツジを見つけにプチハイキング

八幡ツツジ群落には数カ所のビューポイントがあり、1時間ほどで回れる。

Flower Season

5月中旬〜下旬にかけて20万本のツツジが咲き誇る

爽快気分で森を爆走！
⑥ 那須バギーパーク
なすバギーパーク

4km 7分

丸太や階段を楽々と越えるパワフルな四輪バギーに乗って、那須の自然を満喫しよう！ハンドル操作だけで運転できるので初心者でも安心。

♠ 那須町湯本588 ☎0287-76-6700 ⏲3月中旬〜11月下旬の10:00〜16:30（時季により変動）⏲水曜（祝日・長期休暇は営業、悪天時）🎫大型バギー一周3500円〜 🚃JR那須塩原駅から関東バスで38分、バス停「一軒茶屋」下車、徒歩13分 🚗40台
那須温泉郷 ▶MAP 別 P.15E-3

疾走感がたまらない！

レーシングカートもあり
1セット（3分）1500円

1km 4分

白い建物が目印。テラス席もある

GOAL!

森に囲まれてひと休み
⑦ 森のカフェ 風雅
もりのカフェ ふうが

那須街道の小道を進んだ先に佇む。周囲は木々に囲まれ、静かなひとときを過ごせる。サンドイッチ600円〜や週替わり本格派カレー850円もおすすめ。

クレームブリュレ550円。プラス200円でコーヒーか紅茶が付く

♠ 那須町湯本401-7 ☎0287-73-5642 ⏲11:00〜17:00 ⏲火・水曜 🚃JR那須塩原駅から関東バスで40分、バス停「寿楽本店前」下車、徒歩3分 🚗6台
那須温泉郷 ▶MAP 別 P.15F-3

那須高原 南ヶ丘牧場では、マスの掴み取りやアーチェリー、さかな釣りなどのアクティビティも楽しめる。　137

TOURISM

影絵の美しさにうっとり
藤城清治ワールドに浸る

テレビや教科書などで誰もが一度は目にしたことのある、影絵作家・藤城清治の作品を展示する
美術館。光と影が織りなす美しい世界観に心奪われること間違いなし！

影絵シアターコーナー
10分間の影絵を上映。舞台中央にモーターで動くセットがあり、コンピューターで舞台後方の光を当ててスクリーンに影を映し出す。

随所にちりばめられたプロジェクションマッピングを探しながら展示室を回ろう

座席の後ろにはスクリーンに登場するキャラクターの影絵が展示されている

スクリーンの裏から、上映の一部始終を見学してみよう

プロジェクションマッピング
展示室の床や天井などの至る所に、影絵の作品がプロジェクションマッピングで映し出されている。作品に入り込んだ気持ちになる。

藤城清治が作品を描いているシーンを再現

光と影が織り成す劇場型美術館

藤城清治美術館
ふじしろせいじびじゅつかん

200点以上のモノクロやカラーの影絵原画やデッサンを展示。プロジェクションマッピングや影絵シアターなど、楽しい仕掛けが満載。2階にはアトリエを再現した部屋がある。

那須町湯本203 ☎0287-74-2581 ◉9:30～16:30（最終受付は16:00、時季により変動）⑭火曜 ⑪入館2000円 ◉JR那須塩原駅からバスで40分、バス停「藤城清治美術館入口」下車（乗り換えあり）、徒歩10分 🚗87台

那須温泉郷 ▶MAP 別 P.15F-3

かわいいキャラクターが道案内してくれる

森の小道を進んだ先に美術館がある

藤城清治

影絵作家。日本における影絵の第一人者である。「こびと」やカエルの「ケロヨン」などの独特なキャラクターを用いた作品が特徴。

キュートなおみやげもチェック！

ミュージアムショップでは、版画、キーホルダー、シール、ポストカードなどのオリジナル商品を販売している。

ハイライト 01

巨大な影絵
高さ2.3m、横6mの巨大な作品は美術館を代表する作品。横幅と同じ長さまで水が張られており、反射した影絵が幻想的に浮かび上がる。

幼い頃からもち続けてきたメルヘンの世界を表現した、「魔法の森に燃える再生の炎」

ステンドグラスのモチーフは動物や小人、人魚など。すべてチャペルのための書き下ろし

チャペル
長屋門をくぐった先にある、藤城清治こだわりのチャペル。手割りのレンガと色彩豊かな美しいステンドグラスが見事。

チャペルは写真撮影OK

美術館内にあるトイレにもかわいいキャラクターが隠れている！　139

塩原温泉郷

TOURISM

温泉・食・自然をコンプリート！

紅葉ビューを求めてドライブ

皇族や文豪に愛された歴史ある温泉地。面積のほとんどを森林が占めており、紅葉の名所として知られている。お腹が空いたらちょっとユニークなご当地グルメもぜひ味わって！

Red Season

11月上旬〜中旬にかけて、木々が紅葉し山を美しく彩る

塩原温泉郷
イチの絶景！

秋晴れの青空と
赤く染まった塩原渓谷に魅了される

START!

四季折々の景色が楽しめる

❶ もみじ谷大吊橋
もみじだにおおつりばし

塩原ダムに架かる全長320mの吊り橋は、橋桁のない歩道吊橋としては国内最大級。雄大な山と湖が魅せる360度のパノラマビューが広がる。橋の手前にはレストランと売店がある。

🏠 那須塩原市関谷1425-60 ☎0287-34-1037 ⏰散策自由 🚃JR那須塩原駅からJRバス関東で50分、バス停「もみじ谷大吊橋」下車、徒歩5分 🚗123台

塩原温泉郷 ▶MAP 別 P.16C-2

Green Season

春には山桜が咲き誇り、夏は涼しげな緑のカーテンが広がる

水晶のような美しさ

❷ 回顧の滝
みかえりのたき

塩原温泉郷で最も大きな滝。回顧の吊り橋を渡った先にある観瀑台から見ることができる。旅人が振り返らずには帰れないほどの美しさから名づけられた。

🏠 那須塩原市塩原 ☎0287-32-4000（塩原温泉観光協会） ⏰散策自由 🚃JR那須塩原駅からJRバス関東で50分、バス停「回顧橋」下車、徒歩10分 🚗10台

塩原温泉郷 ▶MAP 別 P.16C-2

1km
3分

Red Season

落差53mの滝と紅葉のコラボ絶景が見渡せる

Green Season

塩原を代表する滝。水晶のすだれをたらしたような美しさ

美しさに
うっとり

Check!

ハイキング
コースもあり

塩原渓谷歩道と呼ばれる散策路があり、3つのハイキングコースが整備されている

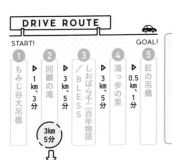
DRIVE ROUTE 🚗

START! ──────── GOAL!

① もみじ谷大吊橋
▶ 1km、3分
② 回顧の滝
▶ 3km、5分
③ しおばら千二百年物語／BLESS
▶ 3km、5分
④ 湯っ歩の里
▶ 3km、5分
⑤ 紅の吊橋
▶ 0.5km、1分

（3km 5分）

📋 Howto

簡単ドライブNAVI

塩原バレーラインと呼ばれる国道400号に、見どころや飲食店が点在。ドライブしながら、帯川が流れる渓谷沿いの景色を楽しめる。

ドライブ途中に食べたい！

塩原B級グルメ

しもつカレー

肉や野菜を煮込んだ栃木の郷土料理「しもつかれ」を使った、しもつカレーうどん定食 1300円

榮太楼
えいたろう

🏠 那須塩原市塩原689 ☎0287-32-2155 ⏰11:00～15:00 ㊡不定休 ㊂紅の吊橋から徒歩4分 🚗4台

塩原温泉郷 ▶MAP 別 P.16B-4

明治時代に活躍したトテ馬車にちなんだスイーツ。フルーツたっぷりのチョコパフェとて500円

とて焼き

くだものやカフェ 藤屋
くだものやカフェ ふじや

🏠 那須塩原市塩原689 ☎0287-32-2314 ⏰11:00～18:00 ㊡不定休 ㊂紅の吊橋から徒歩4分 🚗5台

塩原温泉郷 ▶MAP 別 P.16B-4

スーゾ入り焼きそば

焼きそばを炒めて中華スープを注いだ、元祖スープ入り焼きそば 800円

釜彦
かまひこ

🏠 那須塩原市塩原2611 ☎0287-32-2560 ⏰11:00～14:00 ㊡不定休 ㊂紅の吊橋から徒歩8分 🚗20台

塩原温泉郷 ▶MAP 別 P.16A-3

オリジナルみやげをゲット！

③ しおばら千二百年物語／BLESS

しおばらせんにひゃくねんものがたり／ブレス

地元のおみやげのほか、スイーツや香り茶、お酒や漬物などのオリジナル商品も多く扱う。カフェも併設しており、ランチやデザートがいただける。

🏠 那須塩原市塩原17 ☎0287-32-2337 ⏰9:00～18:00 ㊡不定休 ㊂JR那須塩原駅からJRバス関東で56分、バス停「竜化の滝入口」下車、徒歩4分 🚗12台

塩原温泉郷 ▶MAP 別 P.16C-2

温泉水を使ったまろやかな塩原温泉梅酒1320円

塩原温泉郷の7色のお湯を表現した、ななゆチーズケーキ864円

（3km 5分）

日本最大級の足湯

④ 湯っ歩の里

ゆっぽのさと

湧き出る温泉を利用した体験型温浴施設。目玉は、温泉池を取り囲んだ全長60mの回廊式の足湯。ぬるめとあつめのゾーンがあり、浴槽に埋め込まれた大小異なる石が足裏をほぐしてくれる。

🏠 那須塩原市塩原602-1 ☎0287-32-3101 ⏰9:00～18:00（12～3月は～17:00） ㊡木曜（祝日の場合は翌日） ㊛入館200円 ㊂JR那須塩原駅からJRバス関東で55分、バス停「塩原畑下」下車、徒歩2分 🚗25台

塩原温泉郷 ▶MAP 別 P.16B-4

源泉掛け流しの足湯で疲れを癒やす

Check!

飲泉もできる！

「飲泉堂」では、源泉から直接引いた温泉を飲むことができる

GOAL!

（0.5km 1分）

那須有数の紅葉

⑤ 紅の吊橋

くれないのつりばし

複合施設「塩原もの語り館」の裏手にある吊り橋。那須を代表する紅葉の名所として知られている。橋を渡った先には遊歩道があり、散策が楽しめる。

🏠 那須塩原市塩原747 ☎0287-32-4000（塩原温泉観光協会） ㊛散策自由 ㊂JR那須塩原駅からJRバス関東で1時間、バス停「塩原温泉バスターミナル」下車、徒歩2分 🚗20台

塩原温泉郷 ▶MAP 別 P.16C-1

Red Season

橋の両端に植えられたモミジが真っ赤に染まる。見頃は11月上旬頃

紅に染まるモミジに感動！

Green Season

澄み切った帯川と緑の木々が涼しげ

STAY

日本初のアグリツーリズモリゾート
リゾナーレ那須で
"大地の実り"を味わい、学ぶ

農業とリゾートを融合させた新しい観光のカタチ「アグリツーリズモ」。
那須高原の麓にあるリゾナーレ那須で、食べて、体験して、楽しく農業を学んでみよう。

宿泊、アクティビティ、食事を選んで自分好みに滞在をアレンジ

> カラフルで元気な野菜が主役!

メインダイニング、OTTO SETTE NASUのシグネチャーディッシュ、農園のピンツィモーニオ。約25種類の野菜が並ぶ

What is

アグリツーリズモ

アグリツーリズモとは、イタリア語の「アグリクルトゥーラ(農業)」と「ツーリズモ(観光)」を組み合わせた造語。体験や食事を通して農業について学ぶという新しい観光のこと。

> しましま模様かわいい〜

ハーブの香りに包まれたグリーンハウス

那須岳山麓の美食宿
星野リゾート　リゾナーレ那須
ほしのリゾート　リゾナーレなす

日本では初となるアグリツーリズモリゾート。那須高原の森林に囲まれた広大な敷地に43室を構える。部屋はメゾネットやスーペリアルームなどさまざまなカテゴリーから選ぶことができる。

🏠 那須町高久乙道下2301　☎050-3134-8093
室数 43室　🚗那須ICから車で20分　🚕40台
那須高原中心　▶MAP 別 P.14A-1
料金 1泊朝食付き1室2万4000円〜
IN 15:00　OUT 12:00

客室は本館と別館があり、どの部屋からも自然が望める。こちらはメゾネットタイプ

本を片手にくつろげるラウンジ

森を眺めながら入浴できる温泉大浴場

STAY

リゾナーレ那須

那須高原

那須温泉郷

塩原温泉郷

板室温泉

自分で作って食べる
LUNCH

ホテルでランチタイムを過ごすなら POKO POKOへ。おすすめは生地を伸ばし具材をのせるオリジナルピッツァ作り。

彩り豊かにトッピング☆

野菜をのせてふっくらと焼き上げる石窯ピッツァづくり 2000円

グリーンハウスで行うオリジナルハーブティーづくり

アグリツーリズモを体感できる施設が揃う POKO POKO

自然の中で特別な体験を
ACTIVITY

四季を通じて、さまざまなアクティビティや体験を実施。農園「アグリガーデン」ではファーマーズレッスンを開催している。

目覚めの運動にぴったり!

リゾナーレの敷地にある森を歩く朝の森さんぽ

季節の手作り体験を用意。こちらはフィンランドのヒンメリ作り

スタッフと一緒に毎日の農作業で汗を流すファーマーズレッスン

畑からテーブルへ直送
DINNER

メインダイニングは OTTO SETTE NASU。地元の食材や、タイミングによっては自家農園の野菜を使ったイタリア料理が味わえる。

メニューは季節変わり

ディナーのメインの一例。牛肉のアロースト 牛蒡のコンディメント

手間かけた料理が美しく並ぶ「彩り豊かな小さな前菜」

ひと皿ひと皿に合うワインをソムリエが選んでくれるペアリングがおすすめ

🏠 ホテル内のショップでは、おみやげにぴったりな工芸品や高原スイーツなどを販売している。　143

STAY

自分の旅のスタイルに合わせてチョイス

ジャンルで選ぶ高原ホテル

お財布を気にせずホテル時間を満喫

屋内クアガーデン。夜はライトアップされる

オールインクルーシブ

森のアクティビティリゾート

THE KEY HIGHLAND NASU
キー・ハイランド・ナス

クアガーデンやレンタサイクルなど豊富な体験が楽しめる。森のキッチンではマシュマロ焼きやアルコールを含むフリードリンク（一部有料）が味わえるのもうれしい！

🏠 那須町高久丙3243-342　室数 36室
☎ 0120-017-545（予約センター）　⊗
那須ICから車で18分　🚗 32台
那須広域 ▶MAP 別 P.13D-1
料金 1泊2食付き1室4万2900円～
IN 15:00～18:00　OUT 10:00

推しPOINT!
多彩な施設
温泉はもちろん、カラオケルームやギフトショップなどの施設も充実している

推しPOINT!
自然を味わう食事
目の前でグリルしてくれるステーキや、新鮮な地元食材をふんだんに使った料理

デザイナーズ

那須ハイランドパーク隣接のホテル

TOWAピュアコテージ
トウワピュアコテージ

コテージ、グランピング、デザイナーズハウスなどさまざまな客室があり、シーンに合わせて選べるのが魅力。滞在中は那須ハイランドパークの入園料が無料になる特典付き！

🏠 那須町高久乙3375　室数 250室　☎
0287-78-1164　⊗JR那須塩原駅から関東バスで1時間、バス停「那須ハイランドパーク」下車、徒歩15分　🚗100台
那須高原中心 ▶MAP 別 P.14A-1
料金 デザイナーズハウス1泊1室1万6500円～（2食付き）
IN 15:00　OUT 10:00

暮らすように滞在する個性派ホテル

貸別荘スタイルのリゾートハウス

推しPOINT!
バラエティ豊かなデザイン
客室の中でもデザイナーズハウスは、ゲストルームの種類が豊富で、どれもユニーク

推しPOINT!
掛け流しの天然風呂
那須ハイランド施設内にある温泉（有料）を満喫できる。天然温泉掛け流しの露天風呂もある

那須高原のホテルはリゾートやペンションなどジャンルが幅広い。主要な見どころからのアクセスもいいので、どこに泊まるか迷ったら那須高原を選ぶのがおすすめ。

📖 **What is**

オールインクルーシブ

宿泊料金に食事やドリンク、アクティビティ料金が含まれているホテルプランのこと。支払いを気にせず滞在できる。

🏨 **STAY**

リゾナーレ那須

那須高原

那須温泉郷

塩原温泉郷

板室温泉

ペンション

ロッジ風のペンション
ペンショントント

インテリアショップで働いていた夫婦が営む。客室はシンプルながらも洗練された空間。地元食材を使ったディナーのフルコースが好評で、料理目当てのリピーターも多いとか。

🏠 那須町湯本700-39　室数 8室　☎ 0287-76-1410　◎那須ICから車で14分　🚗 8台
那須高原中心　▶MAP 別 P.14B-1
料金 1泊2食付き1室2万200円〜（2名利用の料金）
IN 16:00〜17:00（夕食無19:30〜22:00）　OUT 10:00

心が安らぐアットホームなおもてなし

木のぬくもりに包まれた小さな宿

推しPOINT!
贅沢な絶品料理
オーナーの母から受け継いだレシピで作る那須山豚ポークロールなどのフルコースを味わえる

推しPOINT!
貸し切りの露天風呂
木々に囲まれた貸し切りの露天風呂で癒やされよう。24時間いつでも入浴できるのがうれしい

和モダン

和モダンな落ち着きのある客室。洋室と和室がある

特別なひとときを過ごす大人の楽園

大人な旅を楽しむための宿
ホテル四季の館 那須
ホテルしきのやかた なす

武家屋敷風のシックなホテル。全客室に備え付けの個室風呂がある。夕食は贅沢な創作フランス料理。個室で味わうことができ、プライベートな時間をゆっくりと満喫できる。

🏠 那須町高久丙1179-2　室数 30室　☎0120-743-177　◎那須ICから車で14分　🚗 15台
那須高原中心　▶MAP 別 P.14C-2
料金 1泊2食付き1室7万7000円〜　IN 15:00　OUT 11:00

推しPOINT!
本格派フレンチ
肉や高原野菜など旬の地元食材を使った本格フランス料理をいただける

推しPOINT!
全客室温泉付き
すべての客室のお風呂に美容効果の高い炭酸水素塩温泉「美人の湯」を引いている

🌿 THE KEY HIGHLAND NASUでは那須産牛乳を使った生乳ソフトクリームが食べ放題。

STAY

美肌効果抜群！
絶景露天or秘湯宿で温泉三昧

絶景露天

露天風呂から見下ろす
那須の大パノラマ

View
1階の露天風呂からは緑に囲まれた庭園を、2階からは関東平野や那須岳を一望できる

展望露天風呂付きの2階客室

2種類の温泉が堪能できる！
ぬくもりに心なごむ湯宿 星のあかり
ぬくもりにこころなごむやど ほしのあかり

テレビで紹介され著名人も訪れる人気宿。全室に温泉露天風呂が付く。夕食は、とちぎ和牛など旬の地場食材にこだわった創作料理。エステや選べる色浴衣も好評。

🏠那須町湯本206-1120 室数13室 ☎0288-53-6050（予約センター） ⊗JR那須塩原駅から関東バスで39分、バス停「新那須」下車、徒歩12分（無料送迎あり、要事前予約） 🚗13台
那須温泉郷 ▶MAP 別 P.15F-3

料金 1泊2食付き1室4万1000円〜
IN 15:00 OUT 11:00

♨温泉DATA
泉質 客室露天：ナトリウム-炭酸水素塩・硫酸塩泉
大浴場：硫黄泉
効能 客室露天：神経痛、冷え性など 大浴場：婦人病、皮膚病など

デザイナーがコーディネートした落ち着いた雰囲気の純和室

旬の食材満載の創作フルコースを提供

那須温泉郷は150カ所以上もの源泉があり、湯の色や泉質が多様。多くの温泉宿があり、見どころからのアクセスも比較的いい。観光とセットで温泉を満喫したい人向け。

What is

那須温泉
約1200年以上の歴史を誇る温泉群の総称。11の温泉地が点在しており、那須連山の主峰である茶臼岳から湧き出る量は県内で最も多い。

上品な温泉宿
那須高原の宿 山水閣
なすこうげんのやど さんすいかく

手つかずの森が広がる那須御用邸の近くに佇む。古き良き日本の和とモダンなテイストが調和する気品高い雰囲気が漂う。13室ある客室はすべて間取りや内装が異なる。

🏠 那須町湯本206 室数 13室 ☎ 0287-76-3180 ⊗ JR那須塩原駅から関東バスで39分、バス停「山水閣入口」下車、徒歩4分 🚗 20台
那須温泉郷 ▶ MAP 別 P.15F-3
料金 1泊2食付き1室4万2100円〜
IN 15:00 OUT 10:30

秘湯

日本の和に触れる正統派の日本旅館

安らぎPOINT
館内には国内外の名作の椅子が配された空間があり、ゆっくりとした時間を過ごせる

♨ 温泉DATA
泉質 単純温泉(低張性中性高温泉)
効能 美肌効果、関節痛、冷え性、疲労回復など

昭和初期に建てられた木造建築

大浴場のほか、2つの貸し切り風呂がある(有料)

客室はすべて和室。個室風呂付きもある

那須温泉郷の中で最も高い場所に立つ

落ち着いた内装の客室。和室と和洋室がある

自家源泉を引いた温泉宿
大丸温泉旅館
おおまるおんせんりょかん

山間の渓谷に佇む200年の歴史を誇る老舗宿。裏山にある自家源泉から流れる温泉の川をせき止めた、計4つの露天風呂が自慢。ゆったりと入浴が満喫できる貸し切り風呂もある。

🏠 那須町湯本269 室数 20室 ☎ 0287-76-3050 ⊗ JR那須塩原駅から関東バスで1時間5分、バス停「大丸温泉」下車、徒歩3分 🚗 30台
那須温泉郷 ▶ MAP 別 P.15D-1
料金 1泊2食付き1室2万3100円〜
IN 14:00 OUT 10:00

秘湯

森の中に佇む那須温泉最奥の秘湯

♨ 温泉DATA
泉質 単純泉
効能 神経痛、美肌効果、疲労回復など

3つは混浴だが、タオル入浴なので安心

安らぎPOINT
露天風呂に浸かって、自然に湧き出るダイナミックな温泉を横目にリラックス

STAY

憧れのプライベート露天風呂

露天風呂付きの客室でまったり

日光国立公園内に佇む

割烹旅館 湯の花荘

かっぽうりょかん ゆのはなそう

箒川の渓谷沿いに立つ。渓谷の美しい景色を眺めながら、100%源泉かけ流しの温泉を堪能しよう。厳選食材の割烹料理や少数客室ならではの丁寧なおもてなしも魅力。

🏠 那須塩原市塩原323 室数12室 ☎0287-32-2824 ⊗JR那須塩原駅からJRバス関東で1時間、バス停「湯の花荘」下車、徒歩すぐ 🚗30台

塩原温泉郷 ▶MAP 別P.16B-4

料金 1泊2食付き1室5万7200円〜(入湯税別) IN 15:00 OUT 11:00

温かみのある内装

月替わりの料理を提供

明治11年創業の老舗宿

湯ったりの宿 松楓楼 松屋

ゆったりのやど しょうふうろう まつや

140年以上の歴史を誇る温泉宿。源泉かけ流しの福渡温泉は、美肌効果の高い中性の泉質で柔らかい湯触り。館内の随所から渓流と山深い木々の景色が眺められる。

🏠 那須塩原市塩原168 室数22室 ☎0287-32-2003 ⊗JR那須塩原駅からJRバス関東で1時間、バス停「松楓楼松屋」下車、徒歩すぐ 🚗25台

塩原温泉郷 ▶MAP 別P.16B-2

料金 1泊2食付き1室2万8600円〜 IN 15:00 OUT 11:00

厳選素材を使った和食会席

箒川のすぐそばに立つ

渓谷美と川のせせらぎに心が癒やされる

露天風呂付き客室 8室

温泉DATA
泉質 ナトリウム・カルシウム-塩化物・硫酸塩・炭酸水素塩泉
効能 疲労回復、婦人病、皮膚病など

すべての客室から渓谷の景色が見られる

身も心も洗われる開放感MAXな露天風呂

温泉DATA
泉質 ナトリウム・カルシウム-塩化物・硫酸塩温泉
効能 切り傷、皮膚病、婦人病など

露天風呂付き客室 11室

露天風呂はヒノキや石造りなど客室によって異なる

湯治場として長い歴史をもつ塩原温泉郷。山中に分け入った箒川の渓谷沿いに温泉宿が点在する。せっかく泊まるなら、独り占めできる露天風呂付きの部屋をチョイス！

📖 **What is**

塩原温泉郷

塩原十一湯と呼ばれる11の湯本がある温泉地。約150カ所もの豊富な源泉に恵まれており、泉質や成分が異なる温泉を楽しめる。

♨ **温泉DATA**
泉質 弱アルカリ単純泉・低張性弱アルカリ性・ナトリウム 塩化物炭酸水素塩泉
効能 美肌効果、婦人病、疲労回復など

プライベート庭園を眺めて特別感を味わう

露天風呂付き客室 **10**室

すべての客室に庭園と露天風呂が付く

うれしいサービスが充実
離れの宿 楓音
はなれのやど かのん

全室離れの客室には、露天風呂をはじめ、広々とした専用の庭やマッサージチェアを完備。生ビールサーバーの無料利用やアイスバーの無料食べ放題など、サービスも充実。

🏠 那須塩原市上塩原23　室数 10室　☎0287-32-5555　⊗西那須野塩原ICから車で30分
🚗 15台
塩原温泉郷　▶MAP 別 P.16A-1
料金 1泊2食付き1室7万1000円〜
IN 15:00〜18:00　OUT 11:00

客室は4タイプ

山海の幸を使った食事を提供

快適な隠れ家旅館
四季味亭ふじや
しきみていふじや

山里に佇む小さな隠れ宿。客室は過ごしやすさを追求したゆったりとした造り。自家栽培の米や野菜を使った絶品料理も好評。貸し切り露天風呂と内湯も無料で入浴できる。

🏠 那須塩原市上塩原675　室数 6室　☎0287-32-2761　⊗西那須野塩原ICから車で30分
🚗 10台
塩原温泉郷　▶MAP 別 P.16A-1
料金 1泊2食付き1室4万7000円〜
IN 15:00〜17:30　OUT 10:00

銘柄牛などの山海懐石料理

夏は流星群やホタルが見られる

山々に囲まれた隠れ宿で秘湯を独り占め

露天風呂付き客室 **6**室

♨ **温泉DATA**
泉質 ナトリウム塩化物高温泉低張性・弱アルカリ性高温泉
効能 美肌効果、婦人病など

畑カッパ源泉と金録源泉の異なる2つの源泉を引いている

STAY

リゾナーレ那須

那須高原

那須温泉郷

塩原温泉郷

板室温泉

STAY

SNSで自慢したくなる！
おしゃれホテルで気分UP！

那須連山の西端に位置し、那珂川上流の山間にある静かな療養温泉地。こぢんまりとしているが、歴史ある文化を残しつつ、近年では洗練されたモダンな宿が人気上昇中！

1日3組限定の宿で特別感に酔いしれる

どこを切り取っても絵になる客室

すべての客室に日本の伝統色の名前がついている

■ What is
板室温泉
1000年以上の歴史を誇り、下野の薬湯として有名。泉質は主に無色透明のアルカリ単純温泉。冷え性や疲労に効果あり！

注目○○ポイント

① ハイセンスな内装
椅子や照明などのインテリアが置かれたおしゃれな空間。各客室で内装は異なる

② 心温まる食事
素朴ながらも味わい深い料理も人気。益子焼など使用する器にもこだわっている

③ 全室源泉かけ流しの温泉
すべての客室に100%源泉かけ流しの半露天風呂付き。どれも深めでゆったりくつろげる広さ

注目○○ポイント
足湯付きのラウンジ
ラウンジのデッキには足湯があり、庭を見ながら温泉を楽しめる

親子3人で営む宿の外観はいたってシンプル

家族経営の小さな宿
那須／板室温泉 湯宿きくや
なす／いたむろおんせん ゆやどきくや

ゲストひとりひとりに向き合うサービスを重視している、1日3組限定の宿。大谷石などの自然素材を使った空間が心地よい。客室はナチュラルな雰囲気で、アメニティや備品にもこだわりが光る。

🏠 那須塩原市板室844-7　室数 3室　☎0287-69-0303　⊗JR那須塩原駅から関東バスで43分、バス停「幾世橋」下車、徒歩4分　🚗5台
那須広域 ▶MAP 別 P.12C-1
料金 1泊2食付き1室5万9000円～
IN 15:00～18:00　OUT 11:00

STAY

リゾナーレ那須

那須高原

那須温泉郷

塩原温泉郷

板室温泉

注目ポイント

菅木志雄の美術館
敷地内の倉庫美術館では、日本を代表するアーティスト、菅木志雄の作品を約250点展示

創業472年の老舗宿
板室温泉 大黒屋
いたむろおんせん だいこくや

保養とアートがコンセプトの宿。美しい庭園が自慢の広大な敷地には内装が異なる3つの宿泊棟があり、100%源泉かけ流しの3つの温泉が楽しめる。ギャラリーや美術館も併設。

⌂ 那須塩原市板室856 室数31室 ☎0287-69-0226 ⊗JR那須塩原駅から関東バスで50分、バス停「板室温泉」下車、徒歩すぐ ⊞20台

那須広域 ▶MAP 別 P.12C-1

料金 1泊2食付き1名2万4350円〜（松の館ツイン洋室）IN 14:00 OUT 10:30

アートと自然に触れて心と体をリセット

現代アートの世界に触れる

毎日10:00開催のツアー（500円）に参加した場合のみ鑑賞できる。要事前予約

宿は那珂川のすぐそばに立つ

梅の館の客室は明るい南向き。庭園と美しい自然の景観が見渡せる

注目ポイント

素材に凝ったおもてなし
体にやさしい和食料理やオーガニックのアメニティを揃えている

現代風の元湯治宿
ONSENRYOKAN山喜
オンセンリョカンやまき

モダンな現代建築の旅館。総ヒノキ造りの温泉が付いた客室がある。大浴場には、天井から垂れ下がった綱につかまりお腹まで湯に浸かる板室温泉古来の入浴方法である綱の湯がある。

⌂ 那須塩原市板室844 室数8室 ☎0287-69-0011 ⊗JR那須塩原駅から関東バスで50分、バス停「板室温泉」下車、徒歩2分 ⊞8台

那須広域 ▶MAP 別 P.12C-1

料金 1泊2食付き1室4万2100円〜 IN 15:00 OUT 11:00

シンプルを極めた特別なひととき

家具もモダンテイスト

薪ストーブが配置されたラウンジ。館内はモダンな内装で統一

大浴場の内湯と露天風呂は芦野石や十和田石を使用

すべての客室に温泉の地熱を利用した床暖房が付く

ハレ旅
Info

東京から日光・那須への行き方をチェック！

東京から日光・那須へは、電車や車で行くのが一般的。直通電車や高速道路を利用すれば、2時間足らずで到着することも。現地についてからの足も考えて、行き方をチョイスしよう。

ACCESS 1

鉄道
TRAIN

日光・那須とも東京都内からの直通電車があり、簡単にアクセスすることが可能。日光へは東武・JR特急の利用が本数も多くて便利だが、新幹線で宇都宮へ行き日光線に乗り換える手も。所要時間の目安は2時間。那須へは、東京駅から那須塩原駅まで1時間10分ほどで着いてしまう。

日光へのアクセス

東京からは東武鉄道、JR（東武鉄道と相互直通特急）が直通電車を運行。2023年7月から運行開始の「新型特急スペーシア X」「特急リバティ」利用が一般的。JR新宿駅からはJR特急「日光」が1日1便運行。ほか東北新幹線でJR宇都宮に行き、JR日光線に乗り換えもできる。

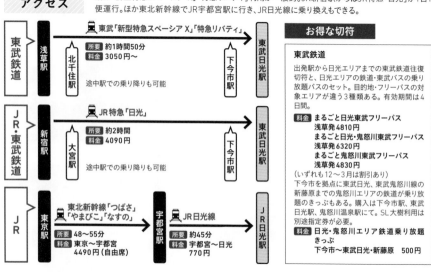

東武鉄道 浅草駅 → 北千住駅
東武「新型特急スペーシア X」「特急リバティ」
所要 約1時間50分
料金 3050円〜
途中駅での乗り降りも可能
→ 下今市駅 → 東武日光駅

JR・東武鉄道 新宿駅 → 大宮駅
JR特急「日光」
所要 約2時間
料金 4090円
途中駅での乗り降りも可能
→ 下今市駅 → 東武日光駅

JR 東京駅
東北新幹線「つばさ」「やまびこ」「なすの」
所要 48〜55分
料金 東京〜宇都宮 4490円（自由席）
→ 宇都宮駅
JR日光線
所要 約45分
料金 宇都宮〜日光 770円
→ JR日光駅

お得な切符

東武鉄道

出発駅から日光エリアまでの東武鉄道往復切符と、日光エリアの鉄道・東武バスの乗り放題パスのセット。目的地・フリーパスの対象エリアが違う3種類ある。有効期間は4日間。

料金 まるごと日光東武フリーパス
浅草発 4810円
まるごと日光・鬼怒川東武フリーパス
浅草発 6320円
まるごと鬼怒川東武フリーパス
浅草発 4830円

（いずれも12〜3月は割引あり）

下今市を拠点に東武日光、東武鬼怒川線の新藤原までの鬼怒川エリアの鉄道が乗り放題のきっぷもある。購入は下今市駅、東武日光駅、鬼怒川温泉駅にて。SL大樹利用は別途指定券が必要。

料金 日光・鬼怒川エリア鉄道乗り放題きっぷ
下今市〜東武日光・新藤原 500円

鬼怒川温泉・川治温泉へのアクセス

鬼怒川温泉へも日光と同様「新型特急スペーシア X」と「特急リバティ」の「会津」「けごん」が鬼怒川温泉まで乗り入れている。「会津」は鬼怒川温泉から川治温泉、湯西川温泉を経由して会津田島まで行く。JR特急「きぬがわ」は1日2便運行。

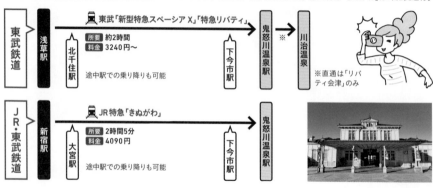

東武鉄道 浅草駅 → 北千住駅
東武「新型特急スペーシア X」「特急リバティ」
所要 約2時間
料金 3240円〜
途中駅での乗り降りも可能
→ 下今市駅 → 鬼怒川温泉駅 → 川治温泉

※直通は「リバティ会津」のみ

JR・東武鉄道 新宿駅 → 大宮駅
JR特急「きぬがわ」
所要 2時間5分
料金 4090円
途中駅での乗り降りも可能
→ 下今市駅 → 鬼怒川温泉駅

那須へのアクセス

那須へは、東京駅から那須塩原駅まで東北新幹線の各駅停車タイプ「やまびこ」「なすの」が1時間に1便程度運行。黒磯駅に行くならJR東北本線に乗り換える。

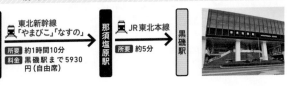

| 東京駅 | → 東北新幹線「やまびこ」「なすの」
所要 約1時間10分
料金 黒磯駅まで5930円(自由席) | 那須塩原駅 | → JR東北本線
所要 約5分 | 黒磯駅 |

ACCESS 2

車 CAR

日光、那須とも東北自動車道を利用する。日光は宇都宮ICで日光宇都宮道路へ。鬼怒川温泉や川治温泉へは今市ICで、日光山内や奥日光は日光ICで下りるとよい。那須には那須IC、那須高原スマートICの2つのICがある。那須高原の中心部へ行くなら、那須ICが便利。

日光へ

| 川口JCT | 東北
自動車道
距離 約103km
所要 約1時間10分 | 宇都宮IC | 日光宇都宮道路
距離 約20km
所要 約15分 | 今市IC | 日光宇都宮道路
距離 約5km
所要 約5分 | 日光IC |

那須へ

| 川口JCT | 東北
自動車道
距離 約153km
所要 約1時間45分 | 那須IC | 東北
自動車道
距離 約9km
所要 約10分 | 那須高原スマートIC |

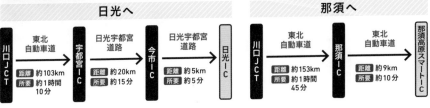

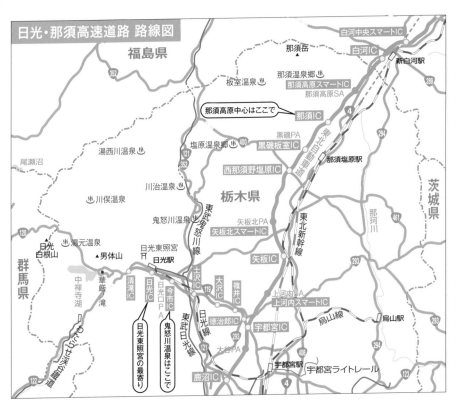

日光・那須高速道路 路線図

日光にはJR日光駅と東武日光駅がある。2つの駅の間は徒歩2分ほど。　153

3つの交通手段で日光を賢く巡る

日光では、東武バスが市内の主な観光スポットを回る路線バスを運行している。お得なフリーパスもあるので、使う頻度を考えてチケットを購入しよう。車ならより自由度の高い旅が楽しめる。

バス BUS

日光の観光エリアには東武バスが運行。特に世界遺産の日光山内は循環バスがあり非常に便利。奥日光へは湯元温泉行き、霧降高原へは霧降高原・大笹牧場行きを利用。バスの起点はJR日光駅。

\ 日光山内をぐるっと回る /

世界遺産めぐりバス

日光駅を出発し、日光東照宮、日光二荒山神社、日光山輪王寺の二社一寺がある日光山内を循環するバス。日中なら15〜20分に1便と本数も多い。1周約30分。1日乗り放題の世界遺産めぐり手形の利用がおすすめ。

問い合わせ
東武バス日光
TEL
0288-54-1138

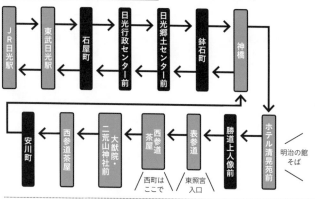

JR日光駅 → 東武日光駅 → 石屋町 → 日光行政センター前 → 日光郷土センター前 → 鉢石町 → 神橋

安川町 ← 西参道茶屋 ← 大猷院・二荒山神社前 ← 西参道茶屋（西町はここで） ← 表参道（東照宮入口） ← 勝道上人像前 ← ホテル清晃苑前（明治の館そば）

お得なフリーパス

世界遺産めぐり手形
世界遺産めぐりバスのほか、東武バスのJR日光駅〜蓮華石間が1日乗り放題。
料金 大人600円、子ども300円

\ 自然豊かな地へ /

奥日光・霧降高原行き

奥日光、霧降高原方面に東武バスが運行。奥日光方面は湯元温泉行きで、通年運行。1時間に2便程度（冬季は減便）。霧降高原行きは4〜11月のみ、1日4便運行。

問い合わせ 東武バス日光
TEL 0288-54-1138

お得なフリーパス

東武バスの一部エリアが乗り放題となるフリーパス。エリアごとに3種類のバスがあり、乗り放題となる路線が異なる。

中禅寺温泉フリーパス
（JR日光駅〜中禅寺温泉間）
料金 2300円 2日間有効

湯元温泉フリーパス
（JR日光駅〜湯元温泉間）
料金 3500円 2日間有効

霧降高原フリーパス
（JR日光駅〜霧降高原間）
料金 1500円 2日間有効

※上記バスで世界遺産めぐりバスも乗車可能

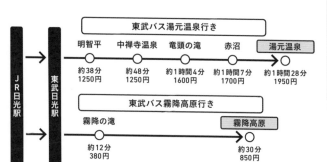

東武バス湯元温泉行き

JR日光駅 → 東武日光駅 → 明智平（約38分 1250円）→ 中禅寺温泉（約48分 1250円）→ 竜頭の滝（約1時間4分 1600円）→ 赤沼（約1時間7分 1700円）→ 湯元温泉（約1時間28分 1950円）

東武バス霧降高原行き

霧降の滝（約12分 380円）→ 霧降高原（約30分 850円）

東武日光駅からは東武日光線の新藤原行きなら乗り換えなし、または下今市で乗り換えて鬼怒川温泉駅まで行ける。川治温泉へは直通の列車はなく、下今市駅または鬼怒川温泉駅で乗り換え。

東武日光駅	東武日光線	→	下今市駅	→	鬼怒川温泉
	所要 約38分				
	料金 320円				

日光・鬼怒川エクスプレス

日光交通が運営する、日光と鬼怒川温泉を結ぶ便利な直通バス。日光での乗り換えは西参道、東武日光駅。鬼怒川温泉発では途中、神橋、西参道では日光江戸村、東武ワールドスクウェアでも下車(前途無効)できる。

問い合わせ	東武日光駅ツーリストセンター
TEL	0288-54-0864
料金	1000円

温泉街の循環バス

東武鬼怒川温泉駅から、鬼怒川温泉の主要ホテル・旅館を回る循環バスがある。1時間に1便、12:00～16:00までの東武日光線の到着に合わせて出発している。一部のホテル、旅館は対応していないので注意。

問い合わせ	日光交通
TEL	0288-77-2685
料金	200円

日光エリアを効率よく回るなら、最も便利なのは車。都内から2時間ほどで着くので、マイカーの利用が主だが、日光駅前にはレンタカー会社もある。

主なレンタカー会社	
トヨタレンタカー	0288-50-1800
ニッポンレンタカー	0570-091-321
日産レンタカー	0288-50-1523
ニコニコレンタカー	0570-042-525

ドライブアクセスチャート

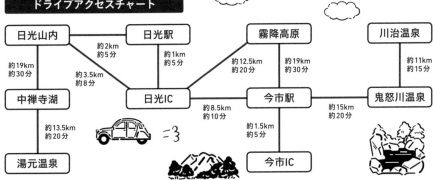

日光山内 — 約2km 約5分 — 日光駅 — 約1km 約5分 — 霧降高原 — 約19km 約30分 — 川治温泉

約19km 約30分

約12.5km 約20分

約11km 約15分

中禅寺湖 — 約3.5km 約8分 — 日光IC — 約8.5km 約10分 — 今市駅 — 約15km 約20分 — 鬼怒川温泉

約13.5km 約20分

約1.5km 約5分

湯元温泉 — 今市IC

INFORMATION

日光・那須へのアクセス

日光交通ガイド

那須交通ガイド

2つの交通手段で那須を賢く回る

那須の主な移動手段は、バスと車。那須塩原駅や黒磯駅から見どころが集中しているメイン通りや温泉街までを結ぶバスが運行しているが、本数はあまり多くはない。効率よく回るなら車がおすすめ。

バス BUS

那須の路線バスの起点となるのは那須塩原駅。塩原温泉郷行き以外のバスはほとんどが那須塩原駅の西口から出発する。観光客がよく使うのは、那須温泉郷、板室温泉、塩原温泉郷行きのバス。

＼ 那須温泉郷・板室温泉へ ／

関東自動車（関東バス）

那須塩原駅から、関東自動車の那須湯本温泉・那須ロープウェイ行きがある。ほとんどのバスが途中黒磯駅を経由し、那須街道沿いに停車する。日中は1時間に1～2便。那須塩原駅から板室温泉行きのバスは1日4便（平日は6便）。

問い合わせ　関東自動車 那須塩原営業所
TEL　0287-74-2911

	那須温泉郷行き					那須ロープウェイ
那須塩原駅	黒磯駅	友愛の森	新那須	那須湯本温泉	大丸温泉	
	約15分 400円	約29分 800円	約39分 1020円	約50分 1020円	約1時間10分 1430円	約1時間17分 1430円

※大丸温泉～那須ロープウェイ間は12～3月は運休

	板室温泉行き		板室温泉
那須塩原駅	黒磯駅	青木	
	約15分 400円	約28分 600円	約50分 1170円

お得なフリーパス

那須高原フリーパス券

那須塩原駅発の那須湯本温泉・那須ロープウェイ行きと板室温泉行きの路線バスが乗り放題となるバス。有効期間は2日間。

料金　3000円

＼ 塩原温泉郷行きならこれ ／

JRバス関東

塩原温泉郷へは、JRバス関東が運行。那須塩原駅始発が1日4便あるが、ほかは西那須野駅発で日中40分～1時間40分に1便。

問い合わせ　JRバス関東 西那須野支店
TEL　0287-36-0109

	塩原温泉郷行き				塩原温泉バスターミナル
那須塩原駅	西那須野駅	千本松	アグリパル塩原	塩原福渡	
	約23分 510円	約36分 630円	約45分 810円	約58分 1110円	約1時間8分 1190円

お得なフリーパス

塩原渓谷フリーきっぷ

JRバス関東の千本松～塩原温泉バスターミナル間の路線バスが乗り放題となるバス。那須塩原駅または西那須野駅までの往復運賃を含む。2日間有効。

料金　那須塩原駅、西那須野駅発2050円

路線バスが限られており、見どころやお店も広範囲に散らばっている那須を回るのに、最も一般的なのが車。那須ICから北へ行く国道17号（那須街道）には特に多くの店が並び、やがて那須温泉郷へと着く。

主なレンタカー会社	
オリックスレンタカー	0287-67-1543
トヨタレンタカー	0287-65-3100
ニッポンレンタカー	0570-067-0725
日産レンタカー	0287-67-1523

ドライブアクセスチャート

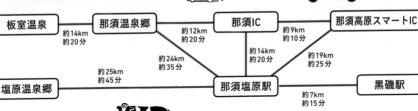

板室温泉 — 約14km／約20分 — 那須温泉郷 — 約12km／約20分 — 那須IC — 約9km／約10分 — 那須高原スマートIC

那須温泉郷 — 約24km／約35分 — 那須塩原駅

那須IC — 約14km／約20分 — 那須塩原駅

那須高原スマートIC — 約19km／約25分 — 那須塩原駅

塩原温泉郷 — 約25km／約45分 — 那須塩原駅 — 約7km／約15分 — 黒磯駅

レンタカーの借り方

① 予約
事前にインターネットで予約しておくのがおすすめ。どこの営業所で借りるのかを選択し、利用日や車両タイプなどを選択すると料金が表示される。

② 営業所へ
予約時に選択したレンタカーの営業所へ。日光はJR・東武日光駅の周辺、那須は那須塩原駅の周辺にレンタカーの営業所がある。

③ 受付
受付でスタッフに免許証を提出して契約の手続きを行う。保険加入の有無を申告し、料金を支払う。

④ 車に乗る
借りる車に案内されると、スタッフと一緒に車体のキズを確認する。操作方法がわからない場合は質問しよう。返却の際は、営業所に戻る前にガソリンを満タンにしておこう。

日光・那須ドライブ注意点

● ハイシーズンは渋滞も！
GWや夏休みは観光客が増える。特に紅葉の日光は渋滞が激しく、東照宮から奥日光まで2時間以上かかることも。

● 急カーブは慎重に運転を
日光のいろは坂、霧降高原、那須の那須温泉郷は山道となり、急カーブが続く。スピードの出しすぎに注意して。

● 冬はスタッドレスまたはチェーン必須
奥日光や那須温泉郷は、冬になると積雪がある。山道を走る際はスタッドレスタイヤもしくはチェーンが必須。

Telephone Guide

JR東日本お問い合わせセンター
TEL 050-2016-1600

東武鉄道お客さまセンター
TEL 03-5962-0102

東武バス日光
TEL 0288-54-1138

日光交通
TEL 0288-77-2685

関東自動車 那須塩原営業所
TEL 0287-74-2911

JRバス関東 西那須野支店
TEL 0287-36-0109

INDEX

日光ぷりん亭	日光	50
日光湯波巻き 全 ZEN	日光	59
にほんかし雲 IZU	日光	51
農村レストラン高林坊	那須	119
はちやカフェ	日光	91
PIZZA LINNE	日光	64
pizzeria di sapore	日光	91
フィンランドの森 森の voivoi	那須	121
補陀洛本舗	日光	52
Fudan懐石 和み茶屋	日光	59
報徳庵	日光	63,86
本宮カフェ	日光	15,69
本家やまびこ	日光	66
murmur"biiru"stand	日光	52
manten chicken grill nikko	日光	56
三福茶屋	日光	52
メインダイニングルーム	日光	61
森のカフェ 風雅	那須	137
山のレストラン	那須	84
ゆば亭ますだや	日光	58
Restaurant cu-eri	那須	110
レストランメーブル	日光	80

🛒 SHOPPING

あまたにチーズ工房	那須	122
WOODMOCC	日光	55
海老屋長造	日光	53
エン ハナトクラシ	日光	87
菓匠おしやま	日光	53
柏崎商店	日光	53
金谷ホテルベーカリー 神橋店	日光	55
KANEL BREAD	那須	131
唐草	日光	87
鬼平の羊羹本舗	日光	54
GOOD NEWS	那須	10
グルメやまなか	日光	55
Croce	那須	125
Kotje Le Chocolat	那須	127
しおばら千二百年物語 / BLESS	那須	141
じざい	那須	129
SHŌPAIN ARTISAN BAKEHOUSE	那須	124
生活雑貨 Flange	那須	128
SOMA JAPON	那須	132
チーズガーデン 那須本店	那須	127
Chus	那須	134
TENTO chocolate	日光	51,53,71
NAOZO	那須	125
那須高原今牧場チーズ工房	那須	123
日光カステラ本舗 本店	日光	70
Nikko Craft Shop 87	日光	55
NIKKO ケーキスタジオ	日光	70
日光甚五郎煎餅 石田屋	日光	57
日光人形焼みしまや	日光	50
日光羊羹 綿半	日光	54
バターのいとこ CAFE	那須	127
808 GLASS NIKKO	日光	76
ヒュッグリー	那須	129

ふわこっぺ日光店	日光	10
ベーカリー ペニーレイン 那須店	那須	125
WHITENOTE	那須	128
まるぱん工房	那須	131
道の駅日光 日光街道 ニコニコ本陣 ニコニコマルシェ	日光	85
道の駅「明治の森・黒磯」	那須	123,127
三ツ山羊羹本舗	日光	54
明治の館 ケーキショップ日光駅前店	日光	70
Mekke!	日光	127
吉田屋羊羹本舗	日光	54
吉見屋	日光	57
LUNETTES+ 山の道具屋	那須	132
ROOMS	那須	132
渡邊佐平商店	日光	86

🏨 STAY

あさやホテル	日光	99
アートビオトープ那須	那須	21
板室温泉 大黒屋	那須	151
一柳閣 本館	日光	100
大丸温泉旅館	那須	147
奥日光高原ホテル	日光	94
奥の院ほてるとく川	日光	97
ONSEN RYOKAN 山喜	那須	151
界 川治	日光	100
界 日光	日光	96
割烹旅館 湯の花荘	那須	148
鬼怒川金谷ホテル	日光	98
グランピング B&V 那須高原	那須	11
THE KEY HIGHLAND NASU	那須	144
ザ・リッツ・カールトン日光	日光	20
四季味亭ふじや	那須	149
TAOYA日光霧降	日光	11
中禅寺金谷ホテル	日光	95
TOWAピュアコテージ	那須	144
那須 / 板室温泉 湯宿きくや	那須	150
那須高原の宿 山水閣	那須	147
日光金谷ホテル	日光	92
日光きぬ川ホテル三日月	日光	99
日光西町倶楽部あらとうと	日光	97
日光 星の宿	日光	95
ぬくもりに心なごむ湯宿 星のあかり	那須	146
NOTE／NASU	那須	11
離れの宿 楓音	那須	149
ふふ 日光	日光	21
別邸 向日葵	日光	97
ペンショントント	那須	145
星野リゾート　リゾナーレ那須	那須	142
ホテル四季の館 那須	那須	145
湯ったりの宿 松楓楼 松屋	那須	148
湯元板屋	日光	94
若竹の庄 別邸笹音	日光	98

STAFF

編集制作
有限会社グループ ピコ
田中健作、今福直子、染矢優香

撮影
有限会社グループ・ピコ
武居台三、田中健作

写真協力
日光東照宮
日光山輪王寺
日光市観光協会
関係各市町村観光課
関係諸施設
PIXTA

表紙デザイン　菅谷真理子（マルサンカク）

本文デザイン
今井千恵子、大田幸奈（Róndine）
鈴木勝、渡部沙耶加（FORM）

表紙イラスト　大川久志　しまはらゆうき

本文イラスト　しまはらゆうき　細田すみか

地図制作　s-map

地図イラスト　岡本倫幸

組版・印刷　大日本印刷株式会社

企画・編集　清永愛、白方美樹（朝日新聞出版）

\ スマホやPCで！/

購入者限定 FREE

ハレ旅 日光・那須 電子版が無料！

①「honto電子書籍リーダー」アプリをインストール

Android版 Playストア
iPhone/iPad版 AppStoreで
honto を検索

PCでの利用の場合はこちらから
https://honto.jp/ebook/dlinfo

右のQRコードからも
アクセスできます

② 無料会員登録

インストールしたアプリのログイン画面から新規会員登録を行う

③ ブラウザからクーポンコード入力画面にアクセス

ブラウザを立ち上げ、下のURLを入力。電子書籍引き換えコード入力画面からクーポンコードを入力し、My本棚に登録

クーポンコード入力画面URL
https://honto.jp/sky

クーポンコード asa9837689974998
※2025年12月31日まで有効

右のQRコードからも
クーポンコード入力画面にアクセスできます

④ アプリから電子書籍をダウンロード＆閲覧

①でインストールしたアプリの「ライブラリ」画面から目的の本をタップして電子書籍をダウンロードし、閲覧してください

※ダウンロードの際には、各通信会社の通信料がかかります。ファイルサイズが大きいため、Wi-Fi環境でのダウンロードを推奨します。
※一部、電子版に掲載されていないコンテンツがあります。

ハレ旅　日光・那須

2023年9月30日　改訂版第1刷発行

編　著　朝日新聞出版

発行者　片桐圭子

発行所　朝日新聞出版
〒104-8011　東京都中央区築地5-3-2
（お問い合わせ）infojitsuyo@asahi.com

印刷所　大日本印刷株式会社

ご不明な点、お問い合わせ先はこちら
honto お客様センター

✉ shp@honto.jp
☎ 0120-29-1815
IP電話からは ☎ 03-6386-1622

※お問い合わせに正確にお答えするため、通話を録音させていただいております。予めご了承ください。